放っておくだけで、泣くほどおいしい料理ができる

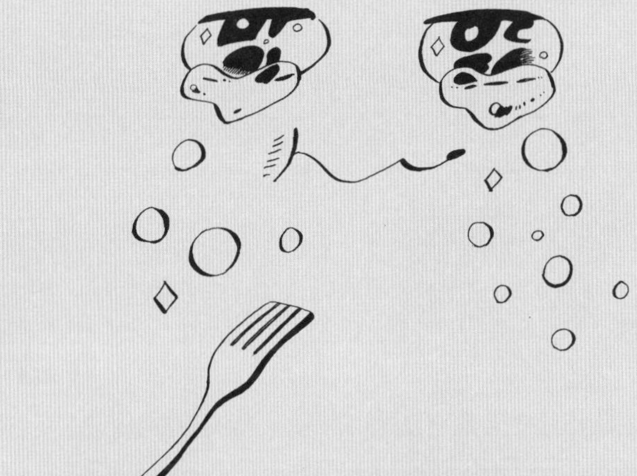

谷口菜津子
小田真規子

ダイヤモンド社

JN191734

「デパ地下で買ったとしか思えない」
「コンビニ食材がプロの味に化けた」
「ただちに酒が飲みたい」

本書でご紹介するのは、
思わずこんな言葉が口からこぼれるレシピです。

しかも、コツはただひとつ、

「放っておくだけ」です。

放っておいて
ほしい理由①

忙しい人にこそ、「放置料理」はすばらしい！

どうかこれが、この本を手に取ってくれた人に伝われば幸いだ、とわたしは思うのです。

最近、SNSやテレビでは「時短料理」が流行っています。仕事に、家事に、育児に、遊びにだって、みんなそれぞれ忙しい。手軽にパパッとおいしいものが食べられたら、それはたしかにすてきです。

でも……。**せわしない日々のなかで、料理まで急いで作るのって、正直ちょっとつかれませんか？**

この本でご紹介する「放置料理」とは、「時短」と真逆の「時間がかかる料理」です。これを聞いて「めんどくさい」「難しそう」「そんな暇ない」と感じた人も多いはず。

大丈夫です！　**そういうイメージを覆す「放っておけばできる」「テクニックいらずでかんたん」なレシピしか載せていません。**

じつは、「時間」は料理をおいしくする最強の調味料なんです。本書のレシピでは、自分で行うのは「お湯に入れる」「タレに漬ける」といった、シンプルな調理工程ばかり。あとは時間がたつのを「待つ」うちに、食材が勝手に変化して、どんどんおいしくなっていくのです！

かんたんだから、忙しくてふだん料理できない人でも失敗しません。
しかも、時間がたつほどおいしくなるよう設計されたレシピなので、保存がきいて作りおきにもぴったり。

そして何より、時間をかけただけあって、とんでもなく……

「泣ける〜！」なんて大げさに言いたくなっちゃうくらいおいしいのです！

放っておいて
ほしい理由②

最小の手間で、必ず幸せになれるおいしい料理は裏切らない

ご挨拶が遅れましたが、漫画家の谷口菜津子と申します。

この仕事をしていると、不安でたまらなくなるときがあります。

なぜなら、毎日毎日イラストや漫画を描いても、結果が出るのは早くてひと月後。数ヶ月後や半年後のこともあれば、すべての努力が無駄になることだってあります。

「ちゃんと面白いものが描けてるだろうか……。」

「クライアントや読者の方に満足してもらえるだろうか？」

「……ああ早く結果をくれ！　安心させてくれー！」

これはわたしの心の叫びだけれど、こんなふうに追いつめられたりネガティブになったりすることは、きっと誰にだってあるはず。そんなとき、わたしはあえて放置料理を仕込むのです。

たとえば、ハム。サッと下ごしらえして、冷蔵庫に入れたら、放っておけばいい。

仕事で何かをやり遂げられなくても、取引先に理不尽なことで怒られても、はたまた恋人にフラれても、数日後には驚くほどやわらかいハムができあがっています。

「たかがハム」とあなどるなかれ。

食べた瞬間、口いっぱいにいい香りがひろがり、(ほったらかしてただけだけど)こんなおいしいものを作れる自分を「天才か！」と褒め称え、自分が好きになり、自分を嫁に迎えたくなり、「今日も頑張ったな」と幸せな気持ちで1日を終えることができるのです。

この確実な幸せを、達成感を、満足を、ぜひあなたにも味わってほしいのです！

仕事や恋人は裏切ることもあるけれど、ハムは決して裏切らない。必ず結果を出してくれます。

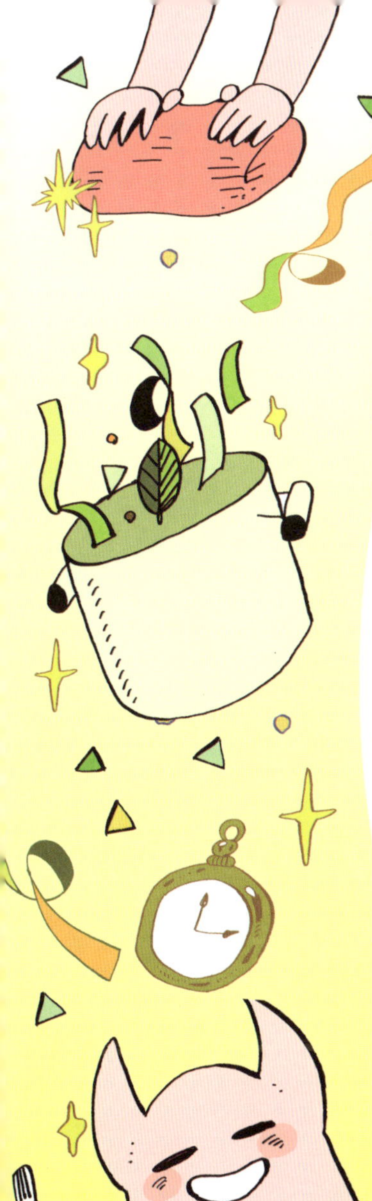

放っておいてほしい理由③

本書のレシピがおいしい秘密

この本に載っているのは、すべてわたしが実際に作ったレシピです。なのでどれもとびきりおいしいことを実証済み！

それもそのはず、**おいしくできるのには、それだけの理由があるのです。**

計算されてるから、おいしい

料理家の小田真規子先生が、何度も研究・試作してたどり着いたレシピだから、そのまま作れば必ずおいしくできる。

キッチンに立つ時間は最短5分。食材に手を加える回数が少ないので、しぜんと失敗もしにくい。

調味料や熱が無理なくゆっくり食材に入っていくから、香りが引き立ち、食感もやわらか。

楽しいから、おいしい

かたまり肉を使った料理や本格的なスイーツなど、豪華な味と見た目にテンションが上がる。おもてなしにもぴったり。

たくさん作れて日持ちもするので、作りおきできて便利だし、おすそ分けしても喜ばれる。

「どうやって作ったの！？」と聞かれる、お店のようなメニューも多いので、作った過程を話しながら食べるのも楽しい。

とはいえ、いざキッチンに立つのには、ちょっとした「めんどくさい」を乗り越える「えいっ」という決心が必要。

その「えいっ」の後押しがしたくて、漫画を描きました。どうぞ、目にとまったお好きなページから読んでみてください。

みなさんが「これ、やってみたいかも！」と思えるレシピと出会えますように。

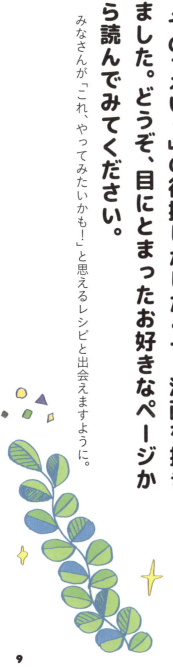

もくじ

放っておいてほしい理由

第1章

放っておくだけなのに

お店の〝あの味〟が完成する

第2章

放っておくだけなのに

見た目も味も自慢できる

第3章

放っておくだけなのに いくら食べても飽きない常備菜ができる

第4章

放っておくだけなのに 料理が勝手においしく成長する

中毒になりそう……
超濃厚!!

本書の楽しみかた

わくわく

楽しそう
だから作って
みようかな…

わくわく

① 漫画を読んでテンションを上げる

鶏もも肉のコンフィ

↓

② レシピを見ながら作ってみる

ビストロの味、なのに保存もきく
鶏もも肉のコンフィ

パッと見るだけで、調理工程が何となくわかる！

正しい保存方法がわかるので、作りおきにも安心

材料表は写真つき

大まかな調理時間、必ず使う調理器具、保存期間がひと目でわかる！

本書のレシピについて

- 大さじ1＝15 mℓ、小さじ1＝5 mℓ、1カップ＝200 mℓ です。
- しょうがとにんにくの1かけは10gです。実寸だと、これくらい
- 材料で(すりおろす)などと書かれているものは、調理前に準備をしておいてください。
- 「油を中火で熱し」と書かれている場合、中火で2～3分予熱してください。
- 電子レンジの加熱時間は600Wを基準にしています。500Wの場合は加熱時間を約1.2倍にするのが目安です。
- 本書で使用しているフライパンは直径26cm、鍋は直径20cmのものです。ふたが必要なレシピでは、ぴったりふたのできるものを使ってください。
- 調理時間や保存期間は目安です。

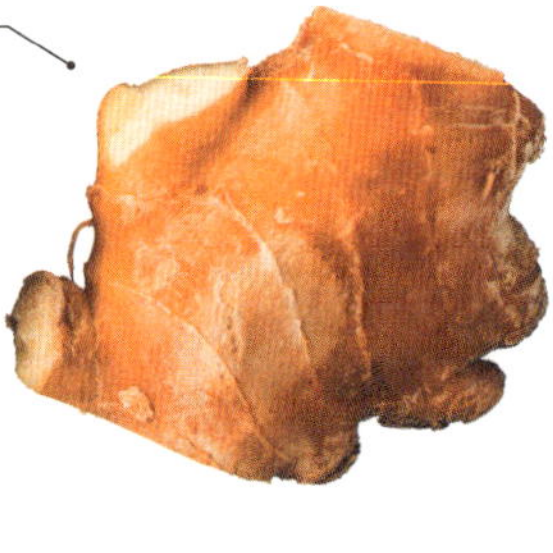

第1章

放っておくだけなのに
お店の〝あの味〟が完成する

おしながき

◎鶏肉の欧風カレー
◎ロースハム
◎カムジャタン
　スペアリブ焼き
◎モツ煮込み
まぐろの漬け
きのこの塩漬け
ザワークラウト

鶏肉の欧風カレー
元気が欲しいとき
カレーを食べる
寝不足
スパイスの力かな？
カレーを食べると体も心も元気になる気がする
キーマばっかり
でも若干自分の味に飽きつつある……
そういえば…
欧風カレーってルーなしでどうやって作るんだ？
今回はルーを使わない絶品！欧風カレーにチャレンジしてみます！

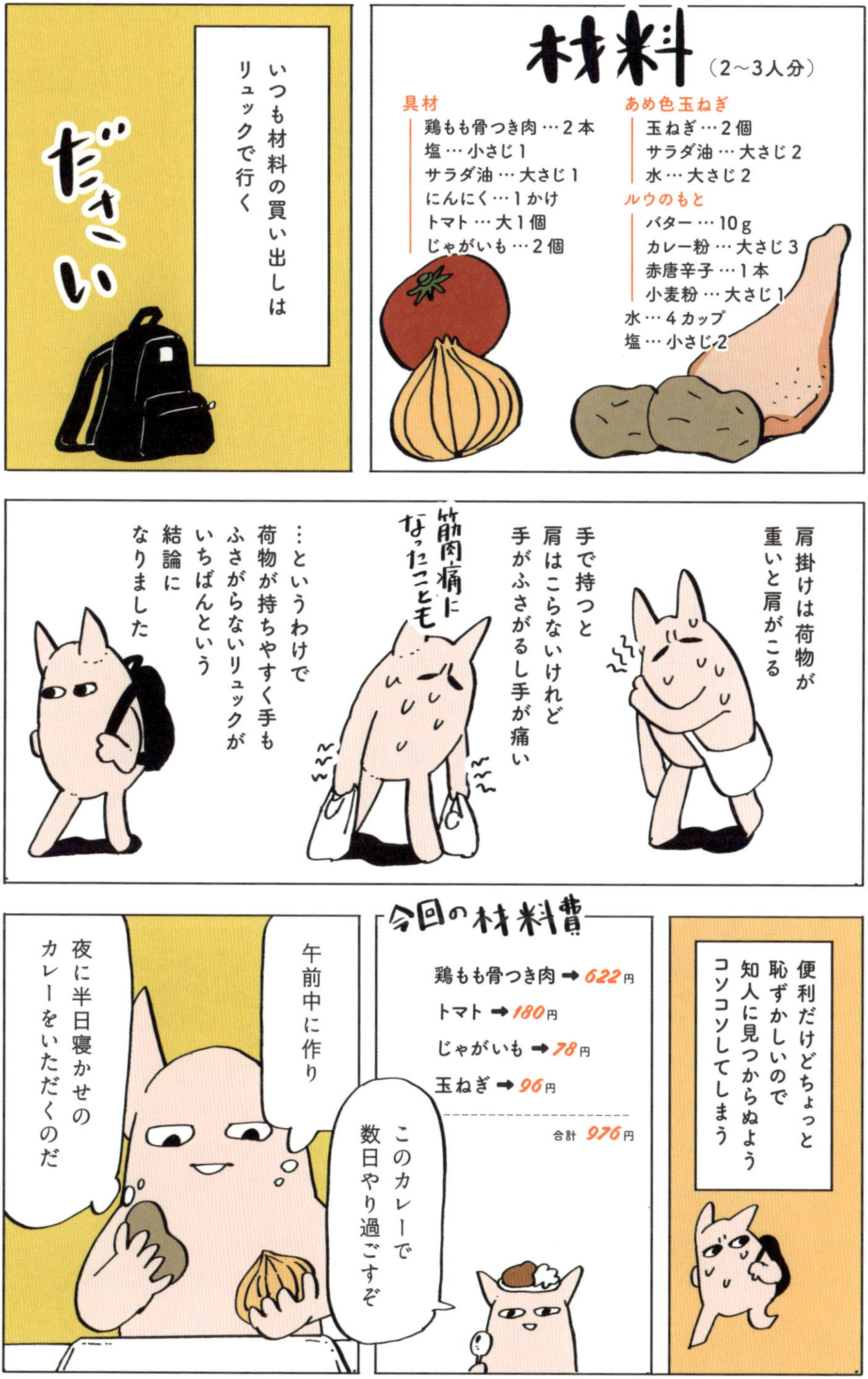
材料 （2〜3人分）
具材
鶏もも骨つき肉…2本
塩…小さじ1
サラダ油…大さじ1
にんにく…1かけ
トマト…大1個
じゃがいも…2個
あめ色玉ねぎ
玉ねぎ…2個
サラダ油…大さじ2
水…大さじ2
ルウのもと
バター…10g
カレー粉…大さじ3
赤唐辛子…1本
小麦粉…大さじ1
水…4カップ
塩…小さじ2
いつも材料の買い出しはリュックで行く
ださい
肩掛けは荷物が重いと肩がこる
手で持つと肩はこらないけれど手がふさがるし手が痛い
筋肉痛になったことも
…というわけで荷物が持ちやすく手もふさがらないリュックがいちばんという結論になりました
便利だけどちょっと恥ずかしいので知人に見つからぬようコソコソしてしまう
今回の材料費
鶏もも骨つき肉➡622円
トマト➡180円
じゃがいも➡78円
玉ねぎ➡96円
合計 976円
午前中に作り
夜に半日寝かせのカレーをいただくのだ
このカレーで数日やり過ごすぞ

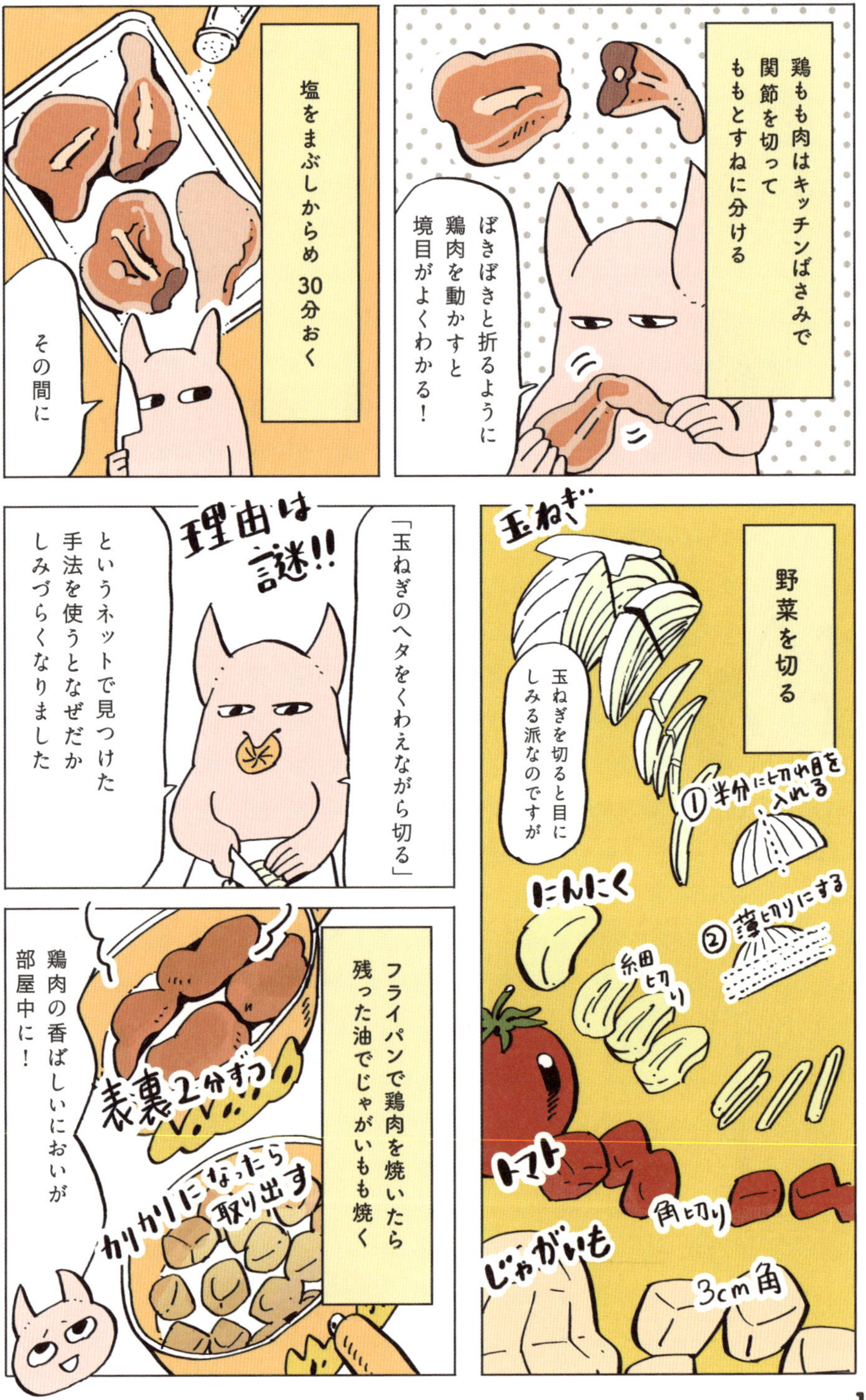

玉ねぎの繊維を断つように切ると、水分が出やすく加熱に向く！

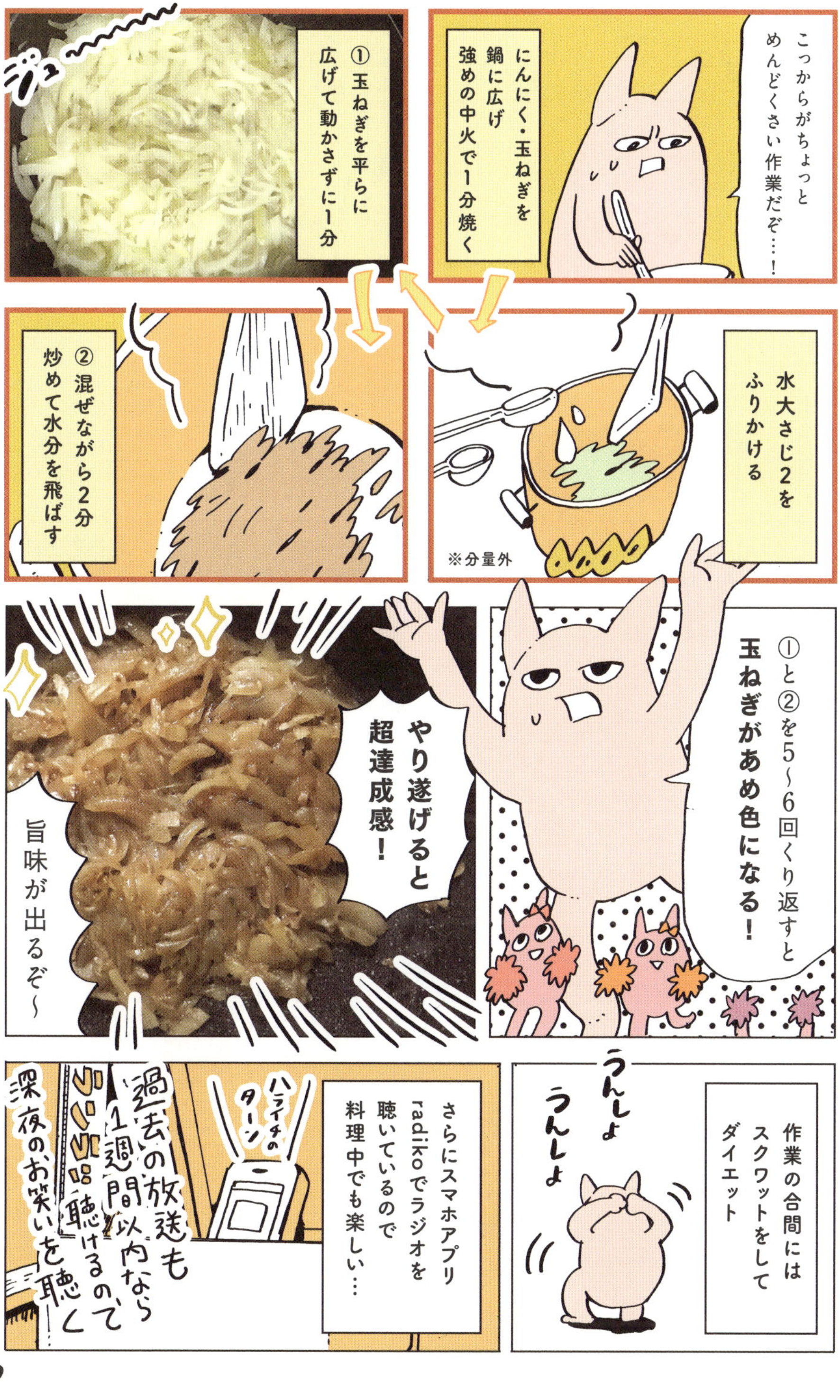
こっからがちょっと
めんどくさい作業だぞ…！
にんにく・玉ねぎを
鍋に広げ
強めの中火で1分焼く
①玉ねぎを平らに
広げて動かさずに1分
ジュ〜〜〜〜
水大さじ2を
ふりかける
※分量外
②混ぜながら2分
炒めて水分を飛ばす
①と②を5〜6回くり返すと
玉ねぎがあめ色になる！
やり遂げると
超達成感！
旨味が出るぞ〜
作業の合間には
スクワットをして
ダイエット
うんしょ
うんしょ
さらにスマホアプリ
radikoでラジオを
聴いているので
料理中でも楽しい…
ハライチのターン
過去の放送も
1週間以内なら
聴けるので
深夜のお笑いを聴く

弱火にして順番に材料を加えていく
トマト
③
小麦粉
②
カレー粉
カレー
赤唐辛子
種は取る
バター
①
ジュー…
材料をひとつ加えるたびに1～2分ずつ炒めるとこげつかない
カレー粉と小麦粉に火を通すと辛味が引き立つそう！
中火にして少しずつ水、塩を加えてのばしてから鶏肉を加える
フワァ…
この時点で食欲をそそるカレーの香り！
煮立ったら弱火で30～40分煮る
仕事しつつ混ぜにいく
放置
じゃがいもを加え10分煮たら
完成!!
この香り…！夜まで待てない！

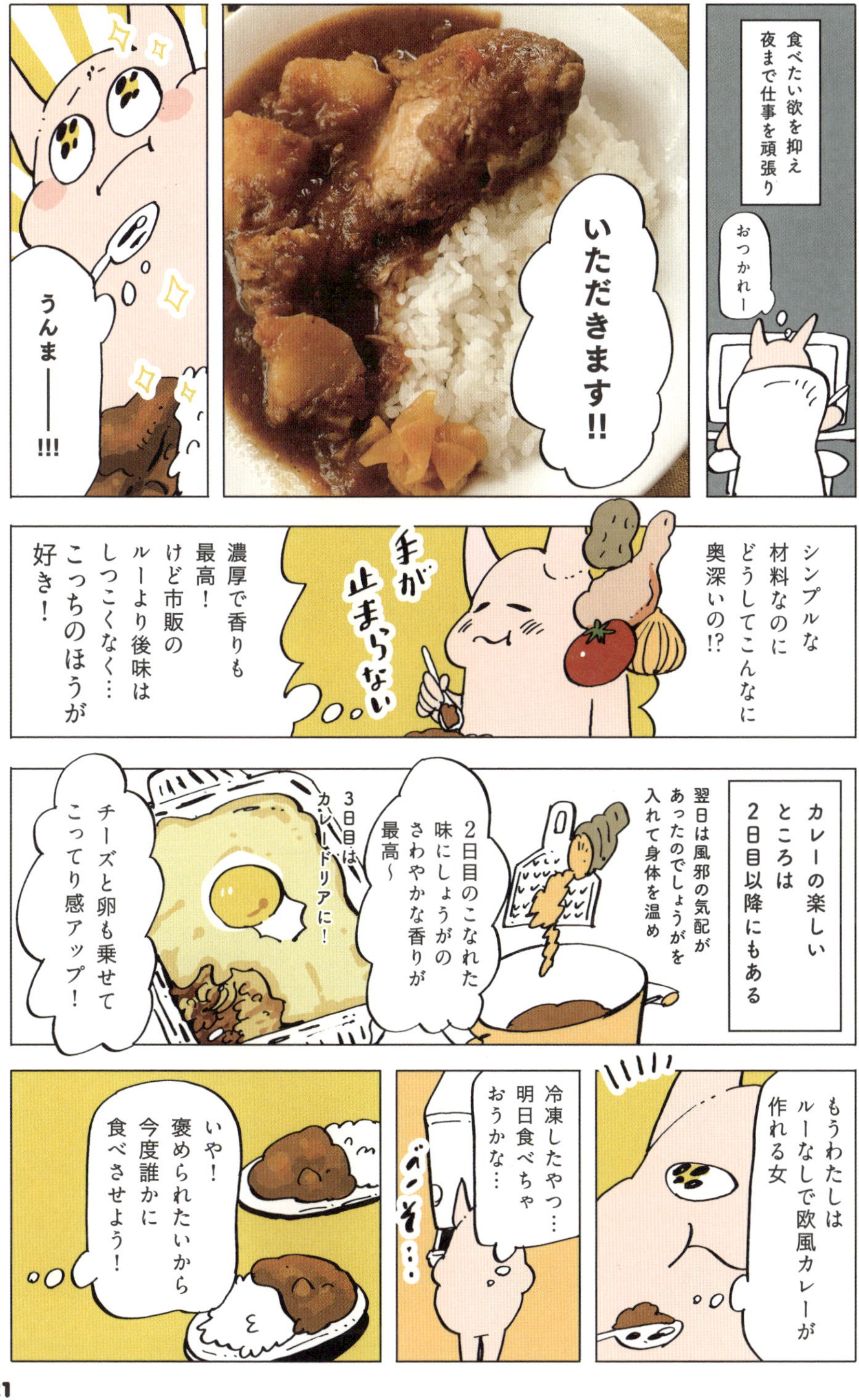

食べたい欲を抑え夜まで仕事を頑張り
おつかれー
いただきます!!
うんま———!!!
シンプルな材料なのにどうしてこんなに奥深いの!?
手が止まらない
濃厚で香りも最高! けど市販のルーより後味はしつこくなく…こっちのほうが好き!
カレーの楽しいところは2日目以降にもある
翌日は風邪の気配があったのでしょうがを入れて身体を温め
2日目のこなれた味にしょうがのさわやかな香りが最高~
3日目はカレードリアに!
チーズと卵も乗せてこってり感アップ!
もうわたしはルーなしで欧風カレーが作れる女
冷凍したやつ…明日食べちゃおうかな…
ゴーそ…
いや! 褒められたいから今度誰かに食べさせよう!

1日2杯は
余裕でイケる！

放っておくだけ

ちょっといい店で出てくる風 鶏肉の欧風カレー

時間：作業50分 放置30分
調理器具：フライパン、鍋
保存期間：冷蔵2日、冷凍1か月

◎材料（2～3人分）

鶏もも骨つき肉…2本（500～600g）
塩…小さじ1
サラダ油…大さじ1
にんにく…1かけ
トマト…大1個（200g）
じゃがいも…2個
玉ねぎ…2個（400g）
サラダ油…大さじ2
水…大さじ2

A
バター…10g
カレー粉…大さじ3
赤唐辛子…1本（種を取る）
小麦粉…大さじ1

B
水…4カップ
塩…小さじ2

※骨なし肉なら2～3枚

下ごしらえ

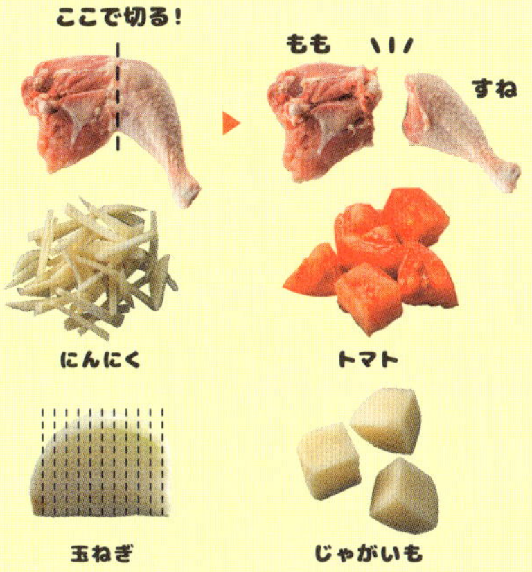

❶ 具材を切る。**鶏肉**:関節をキッチンばさみで切り、塩をまぶしからめて30分おく。**にんにく**:細切りにする。**トマト**:2cm角に切る。**玉ねぎ**:縦4等分に切り、繊維を断つように薄切りにする。**じゃがいも**:皮をむいて3cm角に切る。

❷ フライパンに油大さじ1を熱し、鶏肉を表裏2分ずつ焼いて取り出す。残った油で、じゃがいもを表面がきつね色になるまで焼いて取り出しておく。

炒める

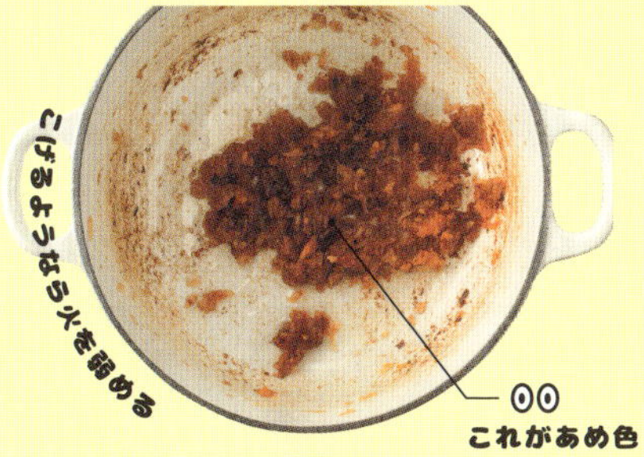

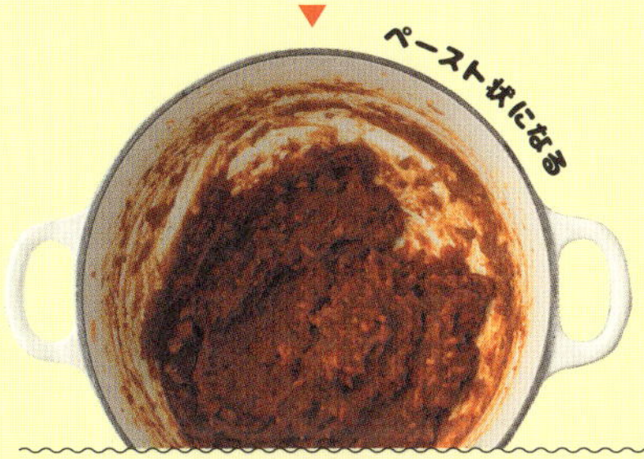

❸ あめ色玉ねぎを作る。鍋に油大さじ2を熱し、にんにくと玉ねぎを広げて強めの中火で1分焼いたら、水大さじ2をふりかける。そのまま動かさずに1分焼き、混ぜながら2分炒めて水分を飛ばす。「焼いて炒める」を5～6回くり返し、15～18分炒める。

❹ 弱火にして**A**→小麦粉→トマトの順に鍋に加え、そのつど1～2分ずつ炒めて、ペースト状にする。

❺ 中火にして、少しずつ**B**を加えてのばしてから、鶏肉を加える。

放置

煮立ったら**弱火**で**30～40分**煮る。

仕上げる

❻ じゃがいもを加え、さらに10分煮る。ごはんと一緒に器に盛っていただく。

保存 冷凍する場合は、じゃがいもを入れる前の状態で保存容器に入れる。

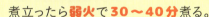

ロースハム
突然ですが加工肉って便利ですよね
うまい
安い
保存がきく
でもさ～ ロースハムはうちらみたいに主役張ることないよね？
生ハムメロン
スパムおにぎり
BLTサンド
ホットドッグ
そ そうかな……
田舎っぽいしね～
はあ…
キラー…!
ロースハムよ!!
あなたは!?
私はフェアリーゴッドマザー あなたを手作りして主役にしてあげよう
茶番はさておき… 今回は毎日を底上げするようなピチピチロースハムを作ります

材料（6〜8人分）
豚ロースかたまり肉 … 500 〜 600g
野菜だし
水 … 5カップ
塩 … 大さじ7
砂糖 … 大さじ3・1/2
玉ねぎ … 1/2個
にんじん … 1/2本
セロリ … 1本（葉ごと）
ロリエ … 1枚
煮汁
水 … 7カップ
白ワイン … 1カップ
ロースだとさっぱり上品
肩ロースだと噛みごたえがあって男ウケがいいかも
今回のミッションは安い肉を手に入れること
グッ
MEAT
散歩がてらスーパー巡りが趣味
スパイスの種類や肉の値段を比べてまわる
店によって品ぞろえや値段がかなり違う！
100gで105円この辺りだとけっこう安いぞ！
ロースかたまり
100gあたり105
572円
今回の材料費
豚ロースかたまり肉 ➡ 572円
玉ねぎ ➡ 50円
にんじん ➡ 68円
セロリ ➡ 200円
白ワイン ➡ 300円
合計 1190円
よ〜し作るぞ〜

まずは野菜を薄切りに
盛り盛りの野菜の薄切りは達成感!!
野菜と水・塩・砂糖ロリエを中火にかける
ポトフみたいなやさしい香り…！
フワア…
ロリエが余って困ってしまう方！意外と使い道はあります
スープに!!
コンソメ系の料理に
きざんで入浴剤にも!
野菜だしの粗熱を手早くとる
涼しい玄関に
豚肉をフォークで50か所くらい刺す
ザク
ザク
ザク
ザク
ストレス発散に向いてそうな作業だ

ジップ式の袋に肉と野菜だしを入れる
袋の口を折り返して入れるとこぼれにくい
冷蔵庫で3~5日おく
下味をつけるのだ
放置
うっかり忘れそうだからアラームかけとこう……
それから数日間――
幸…
今こうやって殺伐《さつばつ》と仕事をしている間にも 肉はおいしくなっている…!
5日後
ピピピピ
ピ
ロースハム
仕上げにかかるぞ!
①
水・白ワインを沸かし火を止める
②
豚肉を入れ
ぬらしたペーパータオルをかぶせ ふたをする
③
指を入れられるくらいのひと肌にさまし
豚肉を取り出す
ペタ
2×
これをもう1回くり返す!

こうすることで
お肉がやわらかくなる
ほどよ～い温度で加熱できるのだ！
湯加減どうかね
いい感じ～
ひと肌にさめたら水けを拭き取りラップで包む
冷蔵庫に入れ半日以上おく
おやすみ…
放置
～低温調理～
そして翌朝
やらか…！
ス
ウ……
なんっていい香り!!
すでに自分の中のハムをこえた!!
止まらん…！
ムシャムシャ…
あっだめだ
ハムを薄切りにして
トーストと目玉焼きを焼いて…

完成！
これは朝食じゃなくモーニングと言いたい！
低温調理のおかげでしっとり～
しかもこのハムはとても便利！
ハムからおいしいだしが!!
きざんで野菜と煮たらスープがかんたんにできるし
ゆでた野菜を包んでもおいしい
きれいに盛り付けただけでもお客様用のおつまみに！
ありがとう…僕ついに主役になれたよ
ハム…
あなたをかえるつもりがすっかりわたしの生活がかわってしまったよ…
すてきな朝をありがとう
ハム…
END

放っておくだけ

安い豚肉が主役に生まれ変わる ロースハム

口に入れた瞬間、
至福の香りが
広がる！

時　間：作業 30分　放置 3.5日～
調理器具：鍋、ジップ式の袋、ペーパータオル
保存期間：冷蔵5日、冷凍2週間

◎材料（6～8人分）

豚ロースかたまり肉…500～600g

※肩ロースでもよい

A 水…5カップ
塩…大さじ7（約100g）
砂糖…大さじ3・1/2（約30g）
たまねぎ…1/2個
にんじん…1/2本
セロリ…1本（葉ごと）
（たまねぎ・にんじん・セロリ：すべて薄切り）
ロリエ…1枚

【煮汁】
水…7カップ
白ワイン…1カップ
※ワインがなければ水1カップを追加

下ごしらえ

❶ 鍋に**A**をあわせて中火にかける。沸騰したら火からはずし、手早く粗熱をとる。

❷ 豚肉をフォークで50〜60回刺し、形を整える。

❸ ジップ式の袋に、①と②を入れる。袋の空気を抜いて口を閉じる。

放置

冷蔵庫で**3〜5日**おいて下味をつける。

煮る

❹ 鍋で**煮汁**を沸騰させ、火を止める。豚肉の水けを切って鍋に入れたら、すぐにぬらしたペーパータオルをかぶせ、ふたをしてひと肌までさます。

❺ ペーパータオルを取り、豚肉を取り出す。

❻ **煮汁**を再度沸騰させ、④の工程をもう一度くり返す。ふたたびひと肌までさましたら、豚肉を取り出して水けを拭き取り、ラップで包む。

放置 完成

冷蔵庫で**半日以上**寝かすと、食べごろになる。

保存

ラップで包んでジップ式の袋に入れて、冷凍保存が可能。常温に2時間ほどおいて半解凍し、食べる分のみスライスする。

スペアリブ焼き
カムジャタン
新大久保での飲み会に向かうわたし
やっと仕事終わった〜
今日は人生初のカムジャタン！
【カムジャタン】
じゃがいもとスペアリブをじっくり煮込んだ唐辛子味の韓国料理
しかし着いたころには残骸《ざんがい》と化していた
おつかれ〜
空ッ
仕事がもっと早く終われば……
ズゾゾ
汁だけでもうまいな…
今回は食べ損じたカムジャタン…だけでなく同じ食材で絶品スペアリブ焼きも作ります！

カムジャタン＆スペアリブ焼き

材料

（各４人分）

［仕込み］

スペアリブ…1kg

ヤンニョム

- 塩…大さじ１
- しょうゆ…大さじ１
- 韓国産唐辛子…大さじ２
- はちみつ…大さじ４
- にんにく…２かけ
- しょうが…２かけ

※にんにくとしょうがはすりおろす

［カムジャタン］

漬けこんだスペアリブ（500g）
じゃがいも…３個
白菜…２枚
にら…1/2 束

だし食材

- 塩…小さじ 1/2
- 煮干し…20ｇ
- 水…６カップ

きざみゴマ…お好みで

［スペアリブ焼き］

漬けこんだスペアリブ（500g）
じゃがいも…２個

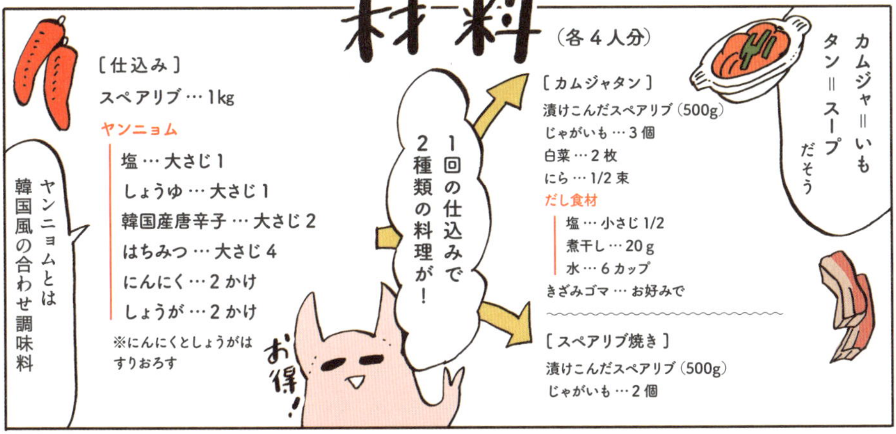

ヤンニョムとは韓国風の合わせ調味料
１回の仕込みで２種類の料理が！
お得！
カムジャ＝いも
タン＝スープ
だそう

韓国産唐辛子がなくても、一味唐辛子小さじ２で代用できるのでご安心を！

ちなみに
余った韓国産唐辛子は
一味の代わりや
漬け物
炒め物にも使えます
韓国産唐辛子ってふつうに売ってるのかな？
アジアの調味料
小さめのスーパーに行ったところ見つからず…
入手難しめの食材探しはゲームのミッションぽくてちょっと楽しい
結局輸入食品を扱うお店で発見
後日大きめのスーパーにおいてあるのも見かけた
コーヒーが人気でサルサっぽいBGMが流れるあの店
今回の材料費
スペアリブ ➡ 1249円
韓国産唐辛子 ➡ 278円
じゃがいも×５個 ➡ 130円
白菜 ➡ 68円
にら ➡ 150円
煮干し ➡ 130円
合計 2005円
カムジャタンパーティーをするぞ！
どっさり

まずスペアリブに下味をつける
切れ目を入れ
このひと手間で食べやすくなるそう
塩→ほかの材料の順にヤンニョムをすりこむ
赤さのインパクトすごい！
袋に入れて1日おく
わたしは500gずつ2つに分けてみた
骨で破れやすいから袋をいちおう2重に
放置
翌日の夕方もうすぐ友人たちとのカムジャタンパーティー
はじめるか！
煮干しの頭と内臓を除く
①頭を取る
②体を割る
パキッ
③中の黒い部分を取る
ゴリゴリ
楊枝《ようじ》を使うとサクサクできる！
スペアリブとだし食材を鍋に入れ40分煮る
水6カップ
塩小さじ1/2
アクを取りつつ弱火で！
スペアリブ半量(500g)
煮干し
その間にじゃがいも・白菜・にらを切る
トントン
弱火で20分
じゃがいもを加えて
にらと白菜を加えて
ひと煮立ち

完成！
グツ
グツ
うまそ〜〜
自分でも
言っちゃう
これがカムジャタン…！やっとありつける！
ホロリ
ジュワ〜〜
うんま〜〜〜
唐辛子と煮干しの旨味が肉にしみしみ！
韓国唐辛子って旨味が強くて辛すぎない！。
自分の作った料理をおいしいと言いながらみんなで食べるのは幸せである…
ヘラリ
ヘラリ
バラエティ番組を観ながら食べていたら気づかぬうちに平らげてしまった
しかし…
もっと食べたい…！独り占めしたい…！
こんな卑しい自分もいる

翌日の夜
火がついてしまった肉食べたい欲をしずめる…
ドーン
残り半分のスペアリブを冷蔵庫から出し20分おく
漬けダレごとじゃがいもとからめる
ゴロ
ゴロ
じゃがいもは皮つきのまま6等分に切る
天板に敷いたオーブンシートの上にスペアリブとじゃがいもを並べ
200℃のオーブンで30分焼く
放置
めっちゃかんたん！楽！
そのあいだにリラックススペースを整える…
ふとんでソファを作る
30分後
完成！
スペアリブパーティー第2夜！
食べ放題～！

サク
甘カラうま～！
シュワ～～～
焼酎《しょうちゅう》の炭酸割りがすすむ～！
いももこんなホクホクになるのね…
骨までうまい…
チウー
指もうまい…
ペロリ
昨日のバラエティ
もう1回観よ…
ゲラ
ゲラ
みんなで食べるごはんは
特別おいしい
でも ひとりはひとりで
いちばんおいしい
ごはんになったりもする
チューチュー

放っておくだけ

肉がほどけるカムジャタン&指までおいしいスペアリブ焼き

時　間：作業15分　放置1日
調理器具：鍋、オーブンシート
保存期間：漬けこんだスペアリブ・冷蔵3〜5日、冷凍10日

◎**材料**（各4人分）

スペアリブ…1kg

【ヤンニョム】
塩…大さじ1
しょうゆ…大さじ1
韓国産唐辛子…大さじ2
または一味唐辛子…小さじ2
はちみつ…大さじ4（70〜80g）
にんにく…2かけ（すりおろす）
しょうが…2かけ（すりおろす）

【カムジャタン】
漬けこんだスペアリブ（500g）
じゃがいも…3個
白菜…2枚（200g）
にら…1/2束（50g）
A 塩…小さじ1/2
　煮干し…20g
　水…6カップ
きざみゴマ…お好みで

【スペアリブ焼き】
漬けこんだスペアリブ（500g）
じゃがいも…2個

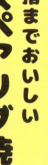

下ごしらえ

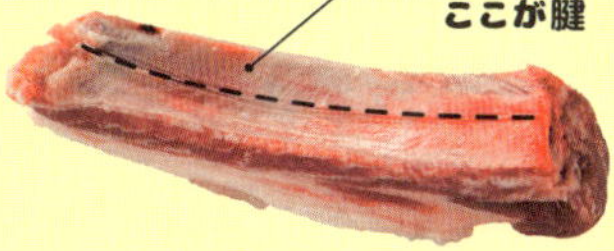

❶ スペアリブは、骨についた腱《けん》に切り目を入れる。塩→ほかの材料の順に**ヤンニョム**をスペアリブにすりこみ、ジップ式の袋に入れる。

放置

冷蔵庫で**1日**漬けこみ、味をなじませる。

［カムジャタン］

下ごしらえ

❷ 具材を準備する。**煮干し**：頭と内臓を取る。**じゃがいも**：皮をむき2〜3等分に切る。**白菜**：ざく切りにする。**にら**：5cm長さに切る。

煮る

❸ 鍋にスペアリブ500gと**A**を入れ、中火にかける。煮立ったらアクを取る。

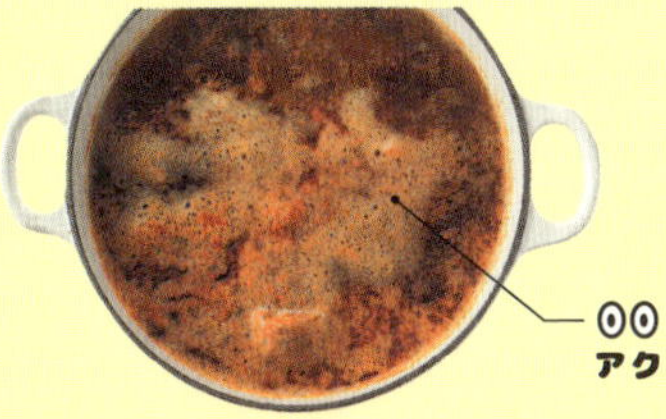

放置

弱火で**40分**煮る。

仕上げる

❹ 鍋にじゃがいもを加えて、弱火でさらに20分煮る。

❺ 白菜とにらを加えてしんなりするまで煮たら、器に盛る。きざみゴマをふっていただく。

［スペアリブ焼き］

下ごしらえ

❷ スペアリブ500gを冷蔵庫から出し、20分おく。オーブンは200℃に温め、天板にオーブンシートを敷く。

❸ じゃがいもはよく洗って皮つきのまま6等分のくし切りにする。

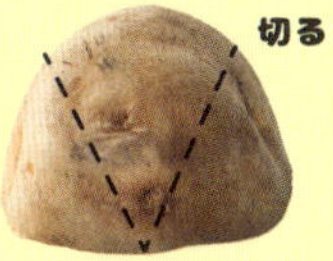

焼く

❹ スペアリブとじゃがいもをざっとからめ、タレごと天板に広げて並べる。

放置

200℃のオーブンで
30〜35分焼く。

完成

❺ 焼きあがったら器に盛る。

倍量で焼くときも
焼き時間は同じ！

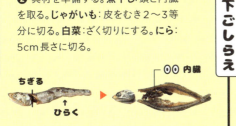

モツ煮込み
好物のモツ煮を食べていると思うことがある
もっと食べたい
けど追加注文するのはちょっと照れる
それともうひとつ…試してみたいことがある
夢を実現するため
モツ煮を家で作ってしまいましょう!

材料

（6～8人分）

下ごしらえ
- モツ … 500g
- しょうが … 2 かけ（薄切り）

具材
- ごぼう … 1 本
- こんにゃく … 1 枚
- ねぎ … 1 本
- しょうが … 3 ～ 4 かけ（薄切り）

ごま油 … 大さじ 1 ～ 2
酒 … 1/2 カップ
水 … 4 カップ

味つけ
- 味噌 … 1/2 カップ弱
- 砂糖 … 大さじ 2
- しょうゆ … 大さじ 1
- みりん … 1/4 カップ

七味唐辛子 … お好みで

モツの入手場所であるが…
お肉屋さん
Meat
スーパーマーケット
ごくごくまれにスーパー
さまざまあるけれど
あえて遠くの業務用スーパーに散歩がてら買い出しに行くことに

引きこもりがちなので太陽の光は貴重！
梅!!

モツは自分の好きな部位が多めのものを選ぶ
フワ（肺）とハツ（心臓）が好き…！
レア！

今回の材料費
モツ ➡ 596円
しょうが ➡ 100円
ごぼう ➡ 198円
こんにゃく ➡ 55円
合計 949円
何杯分も作れるわけだからかなりお得！

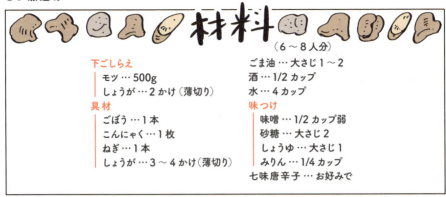

まずはモツの下ごしらえ!
居酒屋店主の気持ちで
水をためたボウルにモツを入れこすり洗い
×3
水をかえて2度ほどくり返すべし!
水を切る
鍋にモツとしょうがを入れ水を注いで中火にかける
煮立ったら弱火にして5分
×2
水を切る
モツを水洗い
余分な脂やアクを落とす
しょうがも取る
たっぷりの水を加えて中火にかけ煮立ったら弱火で90分ゆでる
90min
放置
ゆであがったらざるで水けを切る!
準備完了〜〜〜!
これでおいしいモツ煮への道がひらかれる!

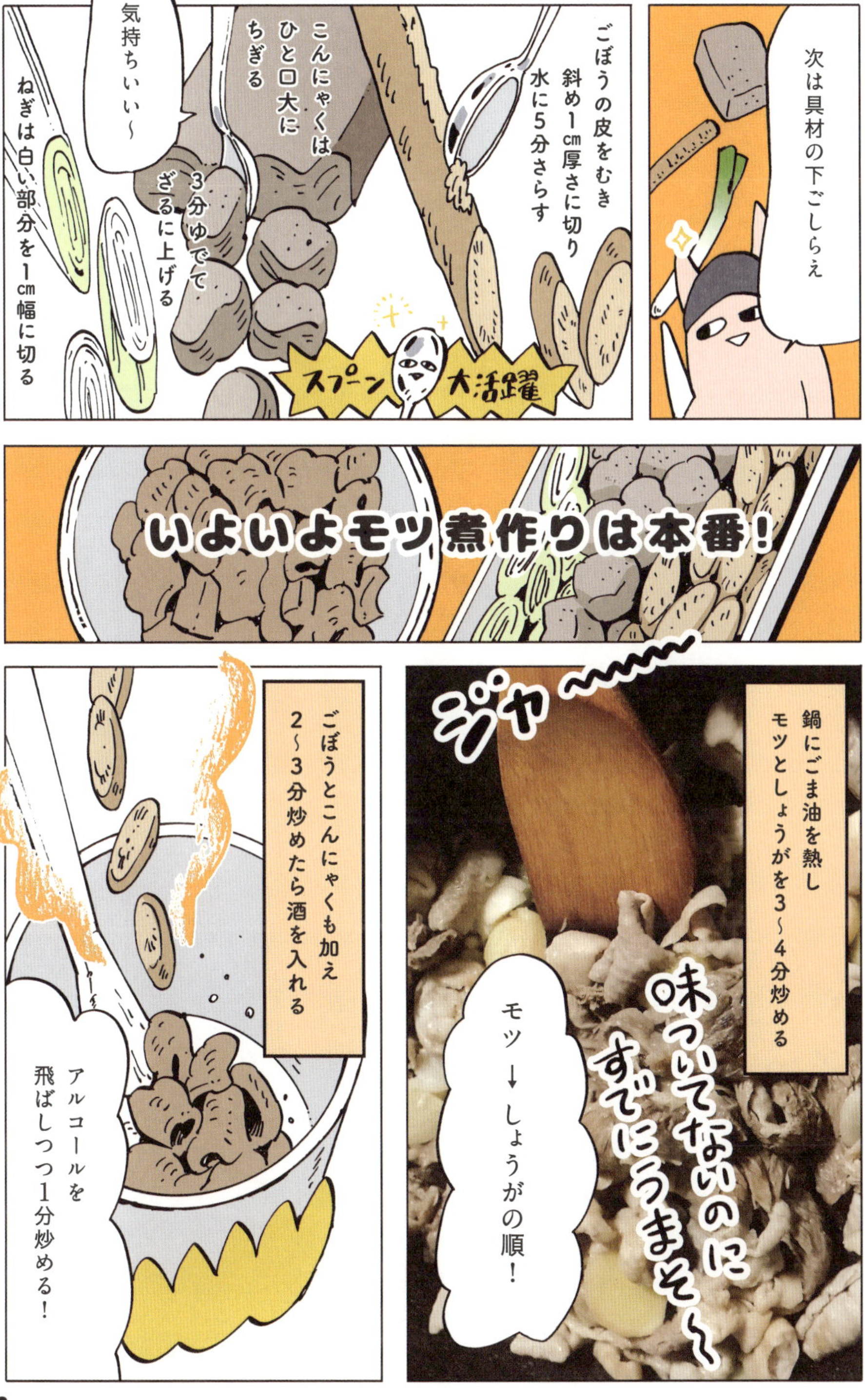
次は具材の下ごしらえ
ごぼうの皮をむき斜め1cm厚さに切り水に5分さらす
こんにゃくはひと口大にちぎる
3分ゆでてざるに上げる
気持ちいい〜
ねぎは白い部分を1cm幅に切る
スプーン大活躍
いよいよモツ煮作りは本番！
ジャ〜〜
鍋にごま油を熱しモツとしょうがを3〜4分炒める
味ついてないのにすでにうまそ〜
モツ→しょうがの順！
ごぼうとこんにゃくも加え2〜3分炒めたら酒を入れる
アルコールを飛ばしつつ1分炒める！

水を注ぎ煮立ったら30分煮る
4カップ
放置
30min
アクは取ってね
下処理だけ手をぬかずやればあとは案外かんたんだな～
テクニックも特にいらないし
看板メニューはできつつあるのでサブメニューを作っていきましょう
居酒屋 谷口
1個頑張ったら他はちょい手抜きにやるのが楽しい料理のコツ
茶碗蒸し
15分でできる
ホタルイカ
盛っただけ
蒸し鶏・野菜
蒸しただけ
仕上げにねぎを加え調味料で味つけ
砂糖
味噌
みりん
しょう油
あとは20～30分煮るだけ！
放置
盛り付けをしたら…
ハラ
パラララ
ハラリ
完成！

味噌テク：信州味噌と仙台味噌をブレンドすると、よりおいしい

居酒屋谷口開店
乾杯〜
お店よりおいしい!
たしかに!
乾杯!
2回言っちゃうくらいうまいぜ!!
こっくり濃厚 臭みなしで ぷるぷるふわふわのモツは最高!
ビールもモツ煮もおかわり!
そして翌朝… もうひとつ やりたかったことを実現♪
米×モツ煮
むしゃトロ〜
やはり! めっちゃ合う!
成功
米と合わせれば 朝でも昼でも いける!
カレーみたいに かけてもいいな
居酒屋谷口 閉店しても なお大盛況 (自分に) であった
2日目の モツ煮 うま…!

プリプリの
モツと、ごぼうの
香りが たまらない！

放っておくだけ

ただちに酒が飲みたい モツ煮込み

時　　間：作業 1時間 放置 2時間20分～
調理器具：鍋、ボウル、ざる
保存期間：下ごしらえしたモツ・冷凍1か月、完成品・冷蔵2日

◎材料（6～8人分）
白モツ…500g
しょうが…2かけ（薄切り）
ごぼう…1本（150g）
こんにゃく…1枚（200g）
ねぎ…1本（100g）
しょうが…3～4かけ（薄切り）
ごま油…大さじ1～2
酒…1/2カップ
水…4カップ

A 混ぜておく
味噌…1/2カップ弱（100g）
砂糖…大さじ2
しょうゆ…大さじ1
みりん…1/4カップ

七味唐辛子…お好みで

しょうがは
これぐらいの
サイズ2つぶんが
目安（実寸）

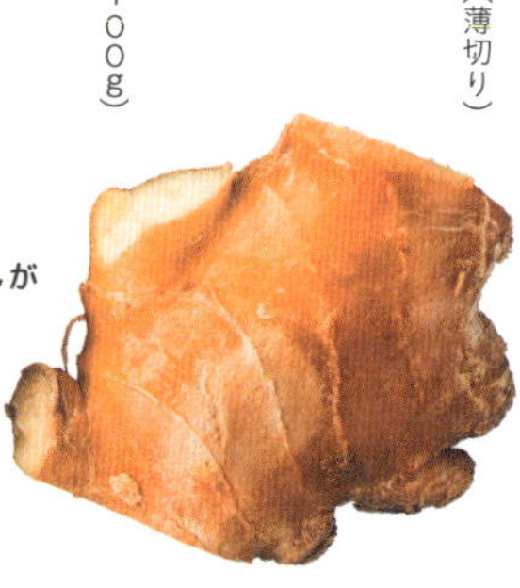

小腸
大腸

モツの下ごしらえ

❶ 水をためたボウルにモツを入れ、こすり洗いをする。水をかえて2度ほどくり返したら、水けを切る。

❷ 鍋に①、しょうがを入れ、かぶるくらいの水を注ぐ。中火にかけ、煮立ったら弱火にして5分ゆで、ざるに上げる。

❸ これをもう一度くり返したら、モツを水洗いする。余分な脂肪やアクを取り除き、しょうがも取り除く。

❹ モツを鍋に戻し、たっぷりの水を加えて中火で煮立たせる。

放置

弱火で90分ゆでる。 ゆであがったら、ざるに上げて水けを切る。

具の下ごしらえ

スプーン1本で、
ごぼうの皮もむけ
こんにゃくもちぎれる！

❺ 具材を切る。**ごぼう**：ざっと皮をむき、斜め1cm厚さに切り、水に5分さらす。**こんにゃく**：ひと口大にちぎり、3分ゆでてざるに上げる。**ねぎ**：白い部分を1cm幅の小口切りにする。

煮る

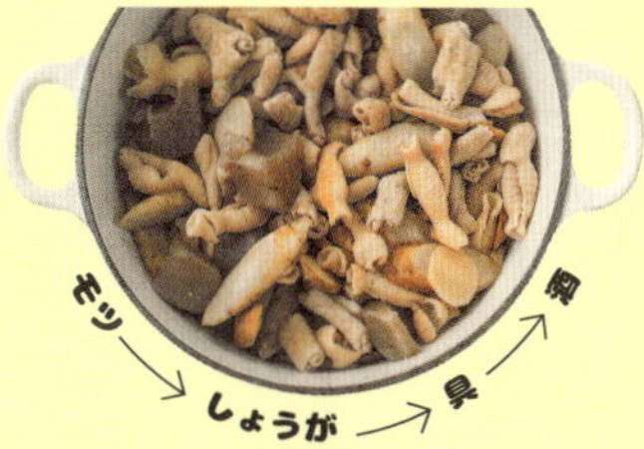

❻ 具材を炒める。鍋にごま油を熱し、モツ→しょうがの順に入れ、3～4分炒める。ごぼうとこんにゃくを加えてさらに2～3分炒め、酒を加えてアルコールを飛ばしながら1分炒める。

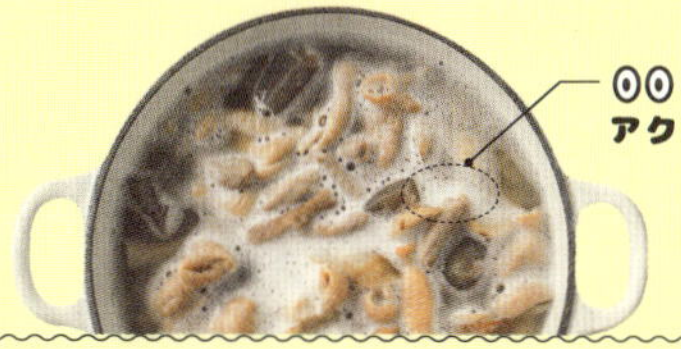

❼ 水を注ぎ、煮立ったらアクを除く。

放置

弱火で30分煮る。
さらに、ねぎを加えて**A**を溶き入れ、**20～30分煮る。**

仕上げる

❽ 器に盛りつけて、ねぎの青い部分と七味唐辛子を散らす。

保存

下ごしらえしたモツは、ジップ式の袋に平らに入れ、冷凍保存できる。
熱湯でゆでて解凍してから使う。いつでも使えて便利。

塩分でおいしくする

塩は放置レシピの基本。
食材に塩をかけると、
①〜③の要素の働きで
おいしくなる。
時間がたつほど変化は大きくなり
どんどんおいしさが増していく。
ふつう、料理はできたてが味のピーク。
でも、放置料理は変化の力を使うから
時間とともにおいしくなる！

① 浸透圧

食材に塩をふると、水分とともに旨味も外に引き出され、食材の表面が旨味でコーティングされる。これにより、食べた瞬間舌がおいしさを感じる。

② 乳酸発酵

空気中をただよう乳酸菌は、適度な塩分を与えると発酵し、食材の糖分を酸味にかえる。酸味はおいしいだけでなく、食材を日持ちさせる効果もある。

③ 酵素の力

野菜などの素材がそれぞれもっている「酵素」。この酵素は、塩分と出会うと分解され、その結果、食材の旨味が増す。

冷蔵庫にあるとテンション上がる

まぐろの漬け

かんたんなのにもてなし料理に！
風味豊かで高級なお味

保存期間：冷蔵5日

スーパーで売ってる安い刺身を
超かんたん晩酌つまみに変身させる！
お買得

まぐろをサクのまま熱湯に10秒浸し
手早く水に取ってさます

水けを拭いて漬けダレに入れ冷蔵庫で3時間〜5日放置
完成

ぬらしたペーパータオルをかぶせ保存容器に入れて保存する
食べる時は水けを切り1cm幅に切る

かつおやサーモンでも

材料

まぐろの赤身…1〜2本（300g）

漬けダレ

- しょうゆ…大さじ3
- みりん…大さじ2（または砂糖小さじ2）
- 水…大さじ4
- 昆布（4cm角）…1枚
- しょうが…2かけ（薄切り）

薬味（お好みで）

- ねぎ
- わさび or からし

※魚は切り身ではなくサク（大きな切り身）を買う

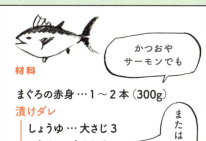

毎日使える賢い子

きのこの塩漬け

きざんで卵かけごはんに混ぜても
旨味たっぷり炒め物やスープに!!

保存期間：冷蔵10日

栄養たっぷり優秀食材きのこ
そんなきのこを手軽に取りたい
シンプル～
材料
お好みのきのこ … 500g
塩 … 大さじ1/2
きのこを切る
しめじ
小房に分ける
えのき
しいたけ
うす切り
鍋に入れ ふたをして中火にかける
音がしてきたら上下を返し ふたをはずして3～4分炒める
シュ～
熱いうちに塩をからめ保存容器に入れて冷蔵庫で半日以上放置
凝縮されたきのこのおいしさ
完成

乳酸菌の仕事ぶりがすごい

ザワークラウト

パンやソーセージにぴったり
まろやかな酸味

保存期間：冷蔵2～3週間

余ったキャベツが日持ちするおしゃれメニューに
材料
キャベツ
…1/2個（500g）
A
粗塩…大さじ1
水…大さじ3
混ぜて電子レンジで加熱する
600w
40秒
B
赤唐辛子…1/2本
粒こしょう…5粒
砂糖…小さじ1/2
酢…小さじ1/2
キャベツを切る
斜めに5mm幅で切る
芯は薄切り
ジップ式の袋に入れる
キャベツ
混ぜ合わせたA
空気をぬいて上下を返しつつ1分もみBを加えて混ぜる
もみ
もみ
袋を2重にして口を閉じ重石をのせる
500ml×2本分
1日放置し
バシュー
かさが減ってきたらそのつど空気をぬく
室温が15℃以下の場合は5日おこう！
口を閉じ直して3日放置
酸味が出たら瓶にうつしかえて冷蔵庫へ
完成
1～2日たってからが食べごろ！

教えて! 小田先生

Q 「レシピより多い or 少ない量」で料理を作るにはどうすればいいですか?

ひとり暮らしだから、半分の量で作りたい。あるいは、パーティーをするから倍の量で作りたい……。そんなとき、ぜんぶの材料を倍にしたり半分にしたりして調節してもいいものでしょうか。

A とにかく「水分」にだけ気をつけて!

調味料は、単純計算で倍や半分にしてOK。でも、水分の調節には、ちょっとコツが必要です。

水分を単純計算で増減すると…

う〜〜ん
水分の蒸発がうまくいかず味が薄すぎか濃すぎになっておいしくない!
蒸発できな〜い!!

水分は

倍増するときは**1.5〜1.7倍**に!
半分にするときは**0.7倍**に!

加熱時間は

倍増するときは**1.2倍**に!
半分にするときは**0.8倍**に!

オーブン料理は基本的に同じ時間でOK
量が多いときは+10℃してもよい

こうすれば大丈夫!

第2章

放っておくだけなのに
見た目も味も自慢できる

おしながき

◎サムゲタン
◎牛肉ねぎ醤油漬け
◎フルーツアイスケーキ
◎パテドカンパーニュ
レイヤーサラダ
あじの酢漬け
千枚漬け

サムゲターン
連日の飲み会で大はしゃぎした結果
今日も飲むのにあまり飲み食いしたくない……
飲むなら体にいい汁物が飲みたい…
子どものころ食べたサムゲタンあれが食べたい～
体に良さ気な実
むちむちもち米
しかしレシピを調べると
クコの実…高麗人参《こうらいにんじん》…ナツメって…材料の難易度高いぞ!
そしてどうやって作るんだ…?
今回はもっと身近な材料で体ぽかぽかサムゲタンを作ります!

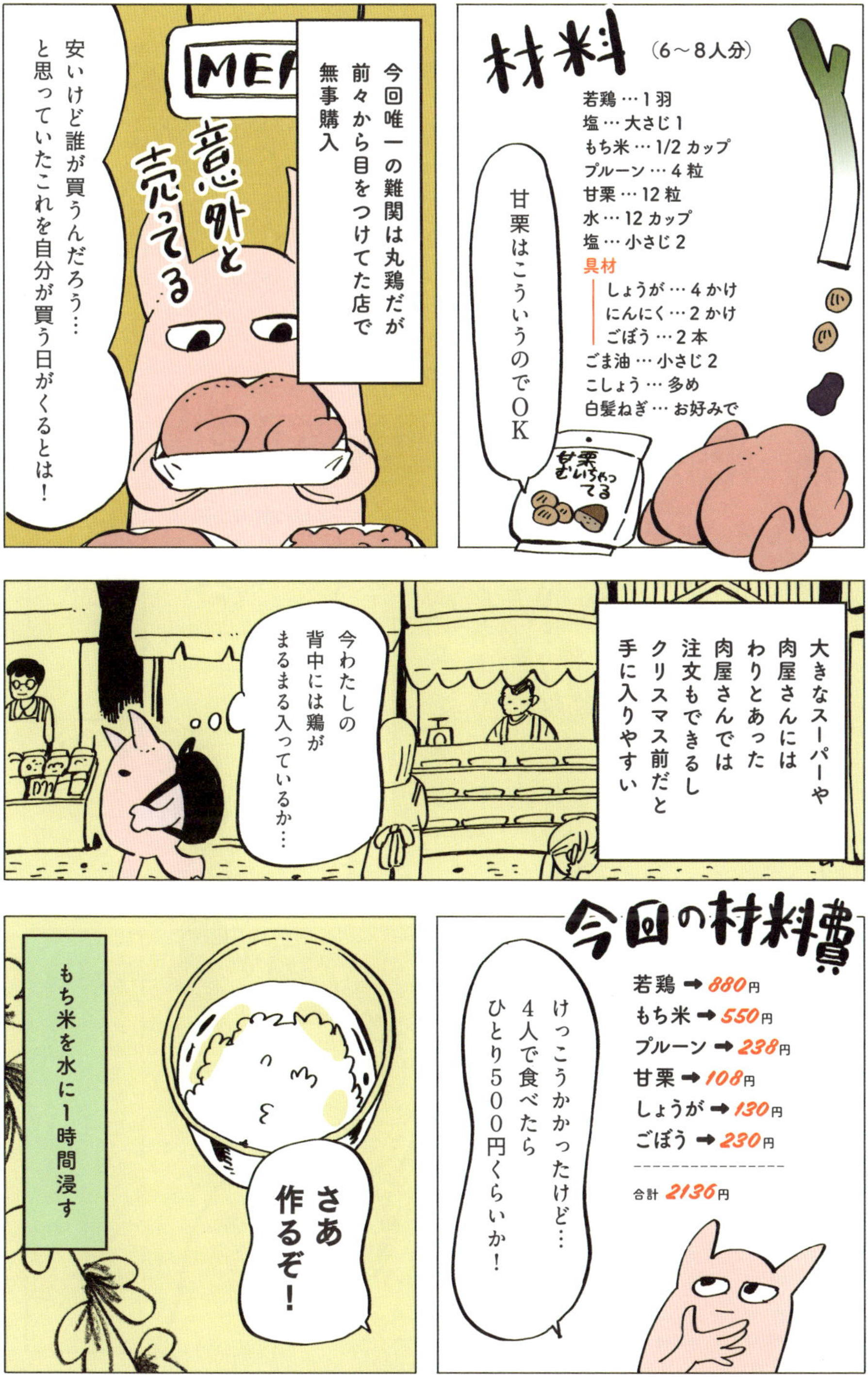

材料 （6〜8人分）
若鶏…1羽
塩…大さじ1
もち米…1/2カップ
プルーン…4粒
甘栗…12粒
水…12カップ
塩…小さじ2
具材
しょうが…4かけ
にんにく…2かけ
ごぼう…2本
ごま油…小さじ2
こしょう…多め
白髪ねぎ…お好みで
甘栗はこういうのでOK
甘栗むいちゃってる
今回唯一の難関は丸鶏だが前々から目をつけてた店で無事購入
MEA
意外と売ってる
安いけど誰が買うんだろう…と思っていたこれを自分が買う日がくるとは！
大きなスーパーや肉屋さんにはわりとあった肉屋さんでは注文もできるしクリスマス前だと手に入りやすい
今わたしの背中には鶏がまるまる入っているか…
今回の材料費
若鶏→880円
もち米→550円
プルーン→238円
甘栗→108円
しょうが→130円
ごぼう→230円
合計 2136円
けっこうかかったけど…4人で食べたらひとり500円くらいか！
もち米を水に1時間浸す
さあ作るぞ！

こっちが頭で
こっちが尾か……
……
……
だめだ
深く考えては！
鶏肉の表面と中をよく洗う
ペーパータオルで水けを拭き 塩をすりこむ
塩が溶けるまで
おいしくなれー
具材を準備する
ごぼうはスプーンで皮をむく
3cm幅にぶつ切り
水に5分さらす
にんにくは半分に切って芯を除く
しょうがは薄切り
水けを切ったもち米にプルーンと甘栗を混ぜたものを鶏肉のおなかにつめていく
ギュ〜〜〜
最後に楊枝《ようじ》でとめる
ぎゅっ
初めての調理工程ばかりだ……！

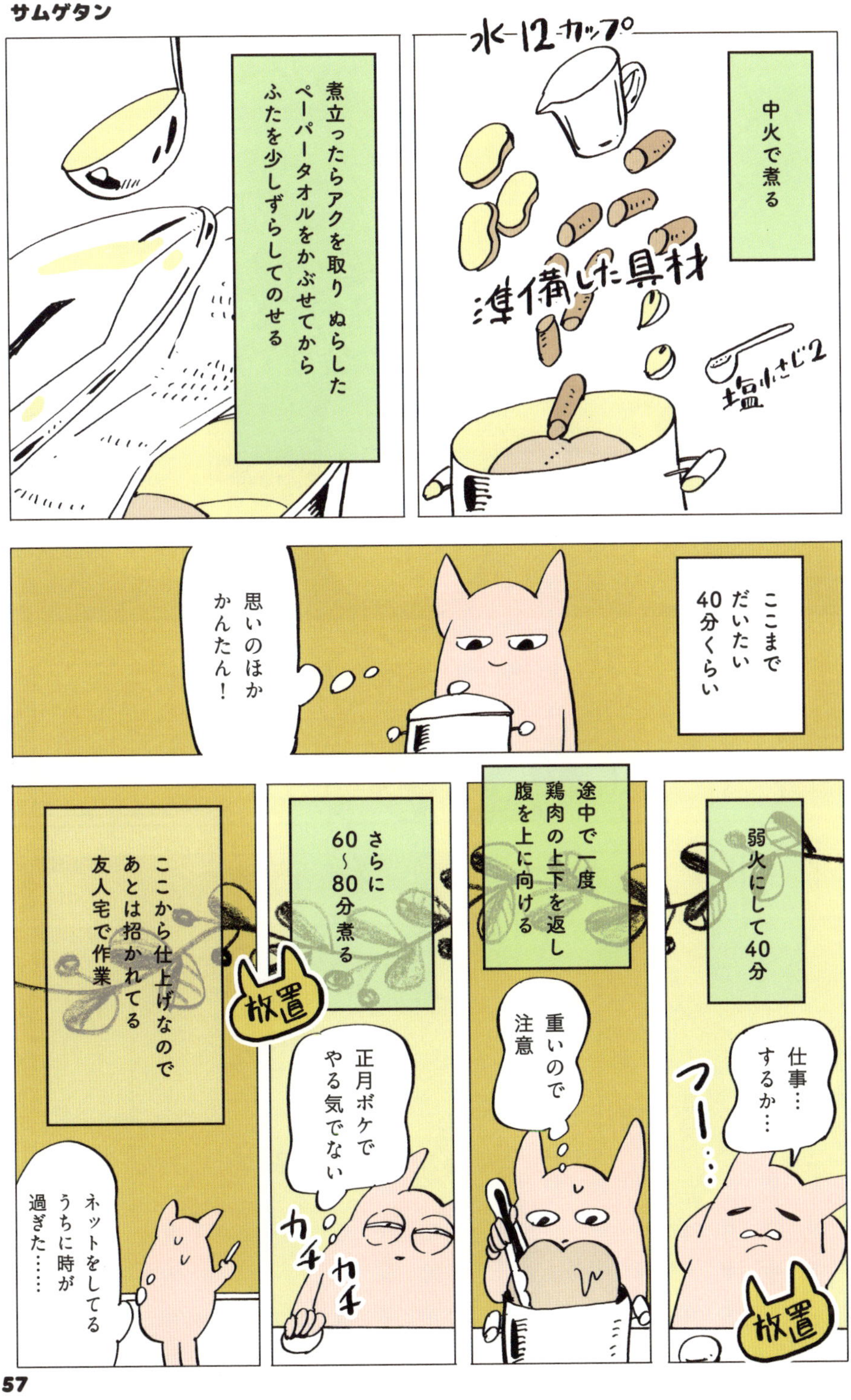
中火で煮る
水12カップ
準備した具材
塩小さじ2
煮立ったらアクを取り ぬらしたペーパータオルをかぶせてから ふたを少しずらしてのせる
ここまでだいたい40分くらい
思いのほかかんたん!
弱火にして40分
仕事…するか…
フー…
放置
途中で一度鶏肉の上下を返し腹を上に向ける
重いので注意
さらに60~80分煮る
正月ボケでやる気でない
カチ
カチ
放置
ここから仕上げなので あとは招かれてる友人宅で作業
ネットをしてるうちに時が過ぎた……

さて問題は持ち運びかた…
鶏肉を袋に入れる
袋は2重に
タッパーに汁と野菜を入れる
袋は2重に
白髪ねぎ
ラップで包む
漏れそうで不安…
背中がぬくい…
サムゲタンを背負ってるとは誰も思うまい
案の定少しだけ漏れていた…
ガーン
リュックがいい匂いに…
手土産に向かない!
仕上げはごま油とこしょうを加えて中火でひと煮立ち
ぐつぐつ…
鶏肉を切り分けて白髪ねぎを散らして完成!

どうぞ!
うまそ〜!
切り分ける前に
できあがりを見せると
盛り上がる
じゃん
わ〜〜〜!
うっまー!
何そのポーズ
うまくてつい…
うまー!!
思わず自画自賛
シンプルな具材だけどスープに
素材の味がしみこんでいて
やさしいけどすごい旨味がある!
つかれていた胃が
癒されていく……
また飲めるぜ〜
翌日
たすけ…て…
二日酔い

放っておくだけ

作り方が謎に包まれている サムゲタン

ホロホロの鶏肉と、
やさしいスープが
しみわたる～！

時間：作業30分 放置2時間40分～
調理器具：鍋（24㎝）、ボウル、ざる、楊子《ようじ》、ペーパータオル
保存期間：冷蔵2日

◎材料（6～8人分）

若鶏…1羽（900g～1kg）
塩…大さじ1
もち米…1/2カップ
プルーン…4粒
甘栗…12粒
水…12カップ
塩…小さじ2

A
しょうが…4かけ
にんにく…2かけ
ごぼう…2本（250g）

ごま油…小さじ2
こしょう…多め
白髪ねぎ…お好みで

甘栗
むいちゃいました

プルーン

下ごしらえ

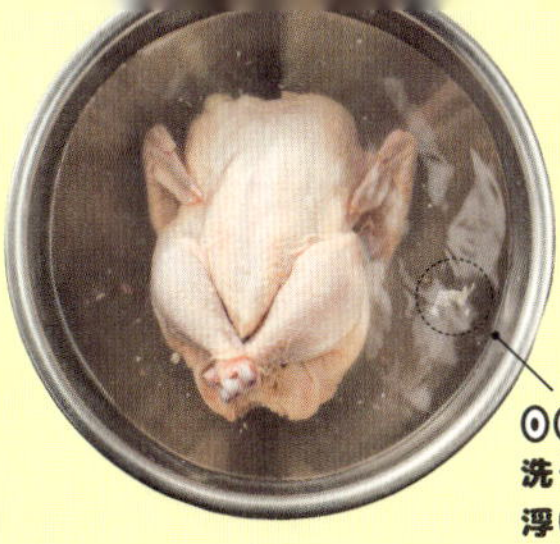
洗うとよごれが
浮いてくる

❶ もち米を、かぶるくらいの水に1時間浸しておく。

❷ 大きめのボウルに鶏肉と水を入れ、表面と中をよく洗う。ペーパータオルで水けをしっかり拭き取り、全体に塩小さじ1を溶けるまですりこむ。

ざるに上げると水けを切りやすい

❸ Aを準備する。**しょうが**:5mm厚さの薄切りにする。**にんにく**:半分に切って芯を除く。**ごぼう**:スプーンで皮をむき、3cm幅にぶつ切りにして、水に5分さらす。

❹ ①で準備したもち米の水けを切り、プルーンと甘栗を混ぜる。

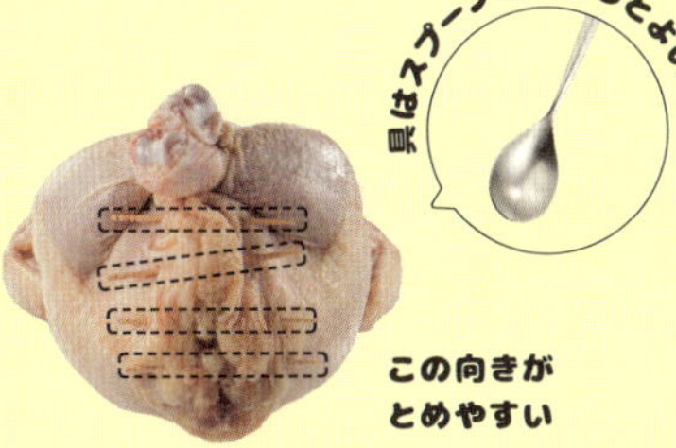
具はスプーンでつめるとよい
この向きが
とめやすい

❺ 鶏肉のおなかに④をつめ、最後に楊枝《ようじ》でとめる。

煮る

煮立ったら
かぶせる
おなかを下に向ける

❻ 鍋に鶏肉→A→水・塩小さじ2を順に入れて中火にかけ、煮立ったらアクを取る。ぬらしたペーパータオルをかぶせてから、ふたを少しずらしてのせる。

放置

弱火で**40〜50分**煮る。
途中で一度鶏肉の上下を返し、さらに**60〜80分**煮る。

仕上げる

ねぎを繊維にそって
細いせん切りにすると
白髪ねぎになる

❼ ごま油とこしょうを加えて、ふたをせずに中火でひと煮立ちさせる。キッチンばさみで鶏肉を適当な大きさに切り分け、スープと一緒に器に盛る。仕上げに白髪ねぎを添える。

牛肉ねぎ醤油漬け
持ち寄りレシピの定番といえばローストビーフである
かんたん
豪華
牛肉
しかし定番すぎてかぶることもしばしば
せめて味に変化があれば！
牛肉を使った新定番レシピが欲しい……
う〜〜ん
そんなわけで今回は牛肉のねぎ醤油漬けに挑戦します！
ねぎ醤油!?
おいしそうな響き！

柑橘果汁は、濃縮還元果汁100％のオレンジジュースでもよい

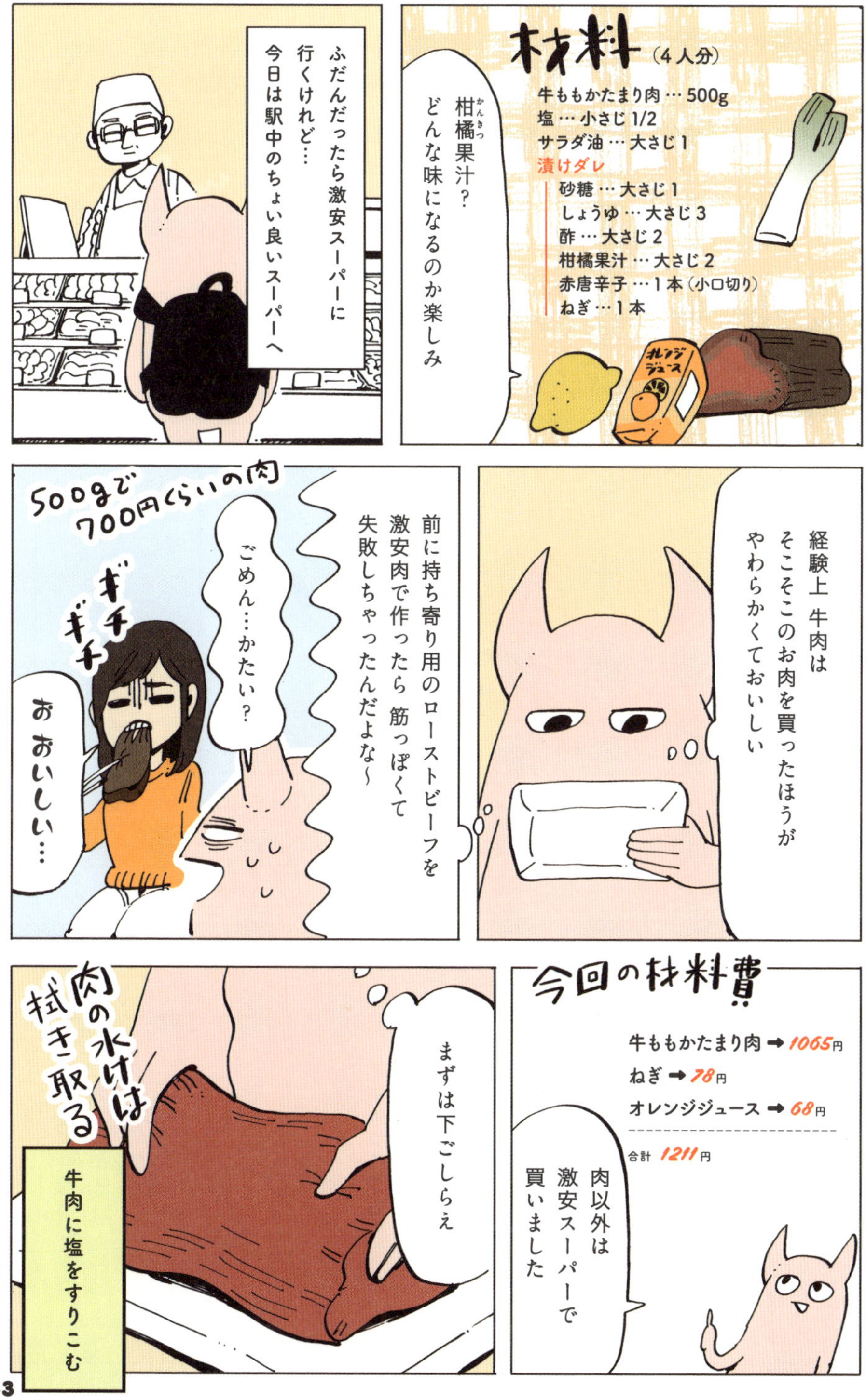

ところでみなさんご存じですか
お肉をおいしくやわらかく加熱できる
温度が60℃だということを……
60
常温で30分おく
……
放置
これも
お肉に均一に60℃の熱を
加えるためのひと手間なのです
油を中火で熱し
7～8分かけて
全体に焼き色をつける
ジュ～～～
おいしい香りで囲いこむ！
60℃への道
① 鍋に湯を沸かして火を止める
6カップ
② 水を注ぎ肉を入れふたをする
1カップ
これで80℃くらいに！
③ 粗熱がとれるまで放置
GOAL
こうすれば60℃に長く保ててバッチリ！

1時間後——
ムクリ
漬けダレを作る
砂糖
しょうゆ
そこにねぎを加える
斜め薄切り
酢には制菌作用があるそう
タレと肉をジップ式の袋に入れて口を閉じる
水けは切る
冷蔵庫で4～5時間おく
よし！ 終了！
放置
けっこうすぐできたな～
だらら～
そんなダラけて仕事はどうした？と思われるかもしれない

フリーランスなので
休日は
自分で決めた日に取る
今日は休み!!
しかし家と仕事場が
一緒なので
自宅でまるまる休んでると
不安な気持ちに
サボってる気分……
けれどがっつり料理をすると
ひとつ何かをやり遂げた感を
得られて
ただダラダラしている
わけじゃないって 自分に
言い聞かせられるんだよな〜
グー……
5時間後
寝てたらおいしくなるって最高〜
完成
自分用に
少し切り分けて
友人宅へ

どうぞ！
うまそ〜
動きをつけて盛ると華やか!!
しっとり…おいしい！
タレに柑橘《かんきつ》が入っているから上品…！
すごいスピードでなくなった
残りの肉はというと
小皿にちょこっと盛れば小料理屋っぽくなって
ひとり飲みにもぴったり！
翌日はおにぎりで手まりずし風に
ぜいたく〜いい休日だった……

放っておくだけ

デパ地下で買ったとしか思えない 牛肉ねぎ醤油漬け

お肉はしっとり、
柑橘《かんきつ》とねぎの香りに
うっとり♪

時　間：作業 20分　放置 5時間30分～
調理器具：フライパン、鍋、ジップ式の袋
保存期間：冷蔵3日

◎材料（4人分）

牛ももかたまり肉…500g
塩…小さじ1/2
サラダ油…大さじ1

A 混ぜておく
砂糖…大さじ1
しょうゆ…大さじ3
酢…大さじ2
柑橘《かんきつ》果汁…大さじ2
（オレンジジュース・レモン汁など）
赤唐辛子…1本（小口切り）

ねぎ…1本（100g）

下ごしらえ

❶ 牛肉を冷蔵庫から出し、表面の水けを拭き取ってから、塩をすりこむ。

放置

常温で**30分**おく。

加熱する

焼き色はこれくらい
側面も忘れずに焼く

❷ 牛肉から出た水けを軽く拭き取る。フライパンに油を中火で熱し、7〜8分かけてすべての面に焼き色をつける。

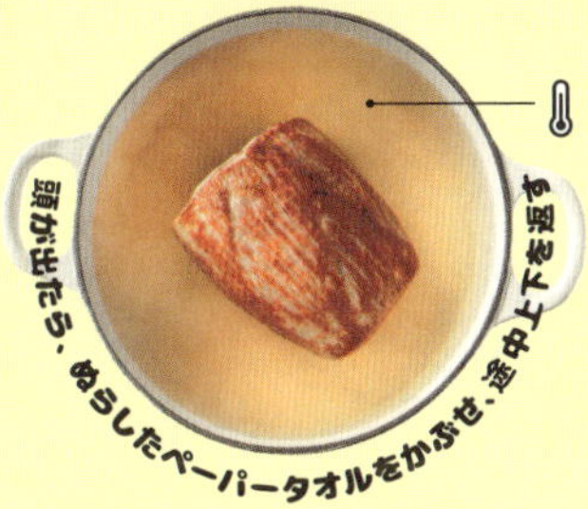
80℃くらい
頭が出たら、ぬらしたペーパータオルをかぶせ、途中上下を返す

❸ 鍋に6カップの水を沸騰させて火を止める。そこに水1カップを注いで少し温度を下げてから牛肉を入れ、ふたをする。

放置

そのまま**1時間**ほどおく。

味つけ

しっかりと口を閉じる

❹ 斜め薄切りにしたねぎと**A**を合わせてジップ式の袋に入れ、水けを拭き取った牛肉を入れる。

放置

冷蔵庫で**4〜5時間**おいて味をなじませる。

仕上げる

薄く切り分け、器に盛りつけていただく。
余った分は切らずに保存する。

フルーツアイスケーキ
世はインスタ映え戦国時代
スイーツ
いいね
いいね
セルフィ
いいね
わたしのInstagramはというと地味な和食率が高い……
しかもマンガの下絵をランチョンマットにしている
これはこれで生活感あって好きなんだけど
うーーーん
たまにはこういうのも作りたい!
きゃわわ〜
フォトジェニ
ゆめかわ
いいね♡
どうやって作るの!? という驚きも欲しい!
というわがままを叶えるフルーツたっぷりアイスケーキを作ります

トッピングはフルーツだけで充分おいしいけれど、甘さひかえめなのでお菓子でデコっても甘々にはなりません

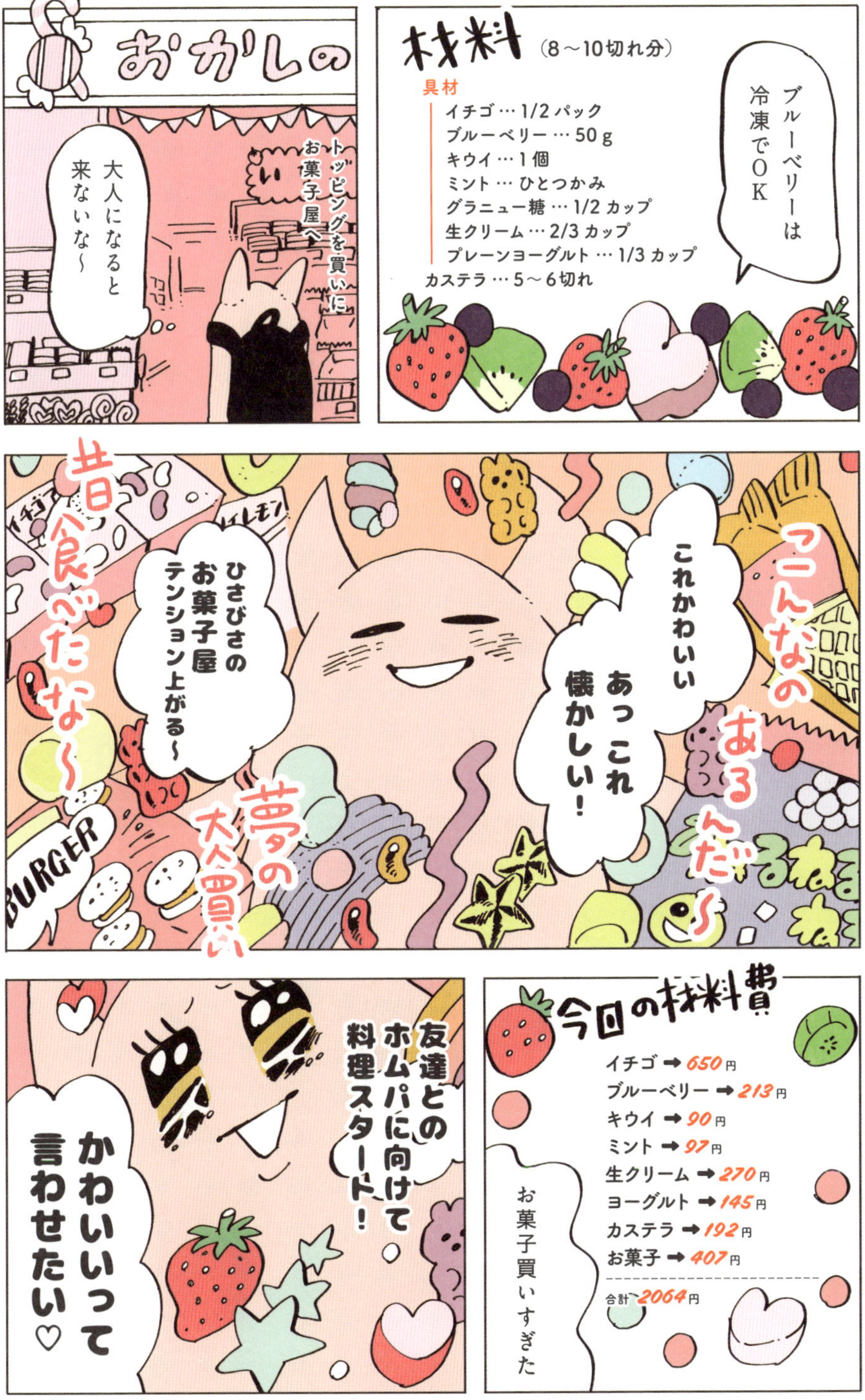
材料 (8～10切れ分)
具材
イチゴ…1/2パック
ブルーベリー…50g
キウイ…1個
ミント…ひとつかみ
グラニュー糖…1/2カップ
生クリーム…2/3カップ
プレーンヨーグルト…1/3カップ
カステラ…5～6切れ
ブルーベリーは冷凍でOK
おかしの
トッピングを買いにお菓子屋へ
大人になると来ないな～
こーんなのあるんだ～
これかわいい
あっこれ懐かしい!
ひさびさのお菓子屋テンション上がる～
昔食べたな～
夢の大人買い
BURGER
今日の材料費
イチゴ → 650円
ブルーベリー → 213円
キウイ → 90円
ミント → 97円
生クリーム → 270円
ヨーグルト → 145円
カステラ → 192円
お菓子 → 407円
合計 2064円
お菓子買いすぎた
友達とのホムパに向けて料理スタート!
かわいいって言わせたい♡

フルーツをマリネすると、凍ってもシャリシャリにならず、しっとりした歯ごたえに

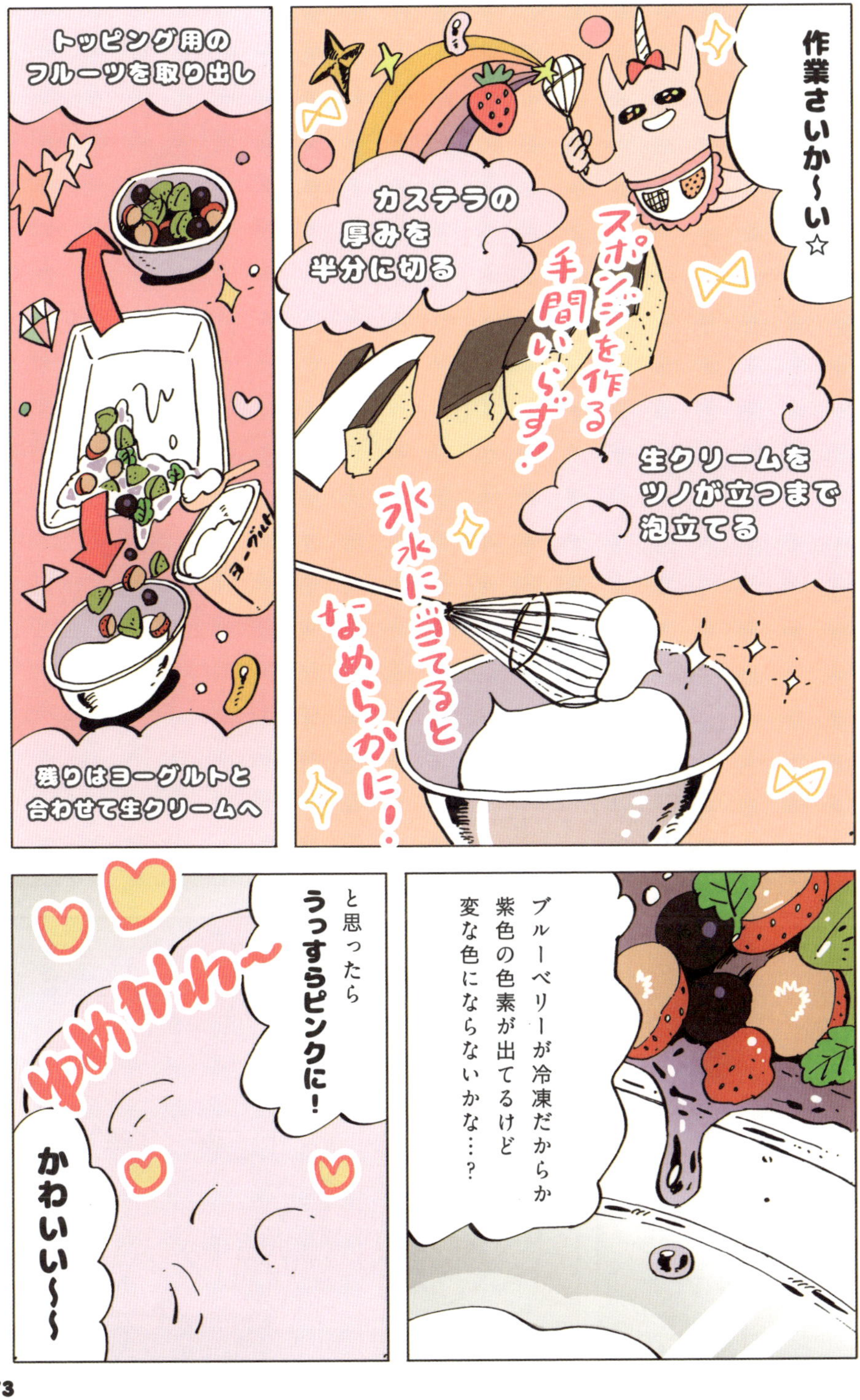

作業さいか〜い☆
カステラの厚みを半分に切る
スポンジを作る手間いらず!
生クリームをツノが立つまで泡立てる
氷水に当てるとなめらかに!
トッピング用のフルーツを取り出し
ヨーグルト
残りはヨーグルトと合わせて生クリームへ
ブルーベリーが冷凍だからか紫色の色素が出てるけど変な色にならないかな…?
と思ったらうっすらピンクに!
ゆめかわ〜
かわいい〜〜

型にカステラとクリームを交互に3回重ねてつめる
あとはデコれば完成…
かんたんすぎ！
まずはとりあえずシンプルに果物だけ…
うふふふ
おしゃれだ〜！
ここでやめたほうがいいのかも…！
けど…
うずうず
できた…ふふ…
このかわいさは…男ウケ悪いぞ…
ラップで包み冷凍庫でしっかり冷やして完成！
放置
翌日
すご〜

かわいい〜
断面も かわ〜〜〜
しかも うまい
小学生女子に戻った気持ちでデコったよ
しかし 照れてる間に…
えっ もうない! うれしい…!
でも わたしの分…!
空
あっ 冷凍庫にあるや
断面確認用に切ったやつ
翌日
うんま〜 カステラしっとり〜
さっぱりしてるのでいくらでも食べれそう
楽しい夜を思い返しながら味わった
アイスが果物味〜

放っておくだけ

この時代にインスタで優勝する フルーツアイスケーキ

ヨーグルトの
酸味が想像以上に
いい仕事してる!

時　間：作業30分　放置9時間30分〜
調理器具：ボウル、パウンド型、泡立て器、オーブンシート
保存期間：冷凍1か月

◎材料（8〜10切れ分）

イチゴ…1/2パック（150g）
ブルーベリー…50g
キウイ…1個
ミント…ひとつかみ
グラニュー糖…1/2カップ（100g）
生クリーム…2/3カップ
プレーンヨーグルト…1/3カップ
カステラ…5〜6切れ

牛乳パックで型を作る方法

「パウンド型なんてないよ……」という人に朗報！　かんたんに作れます。

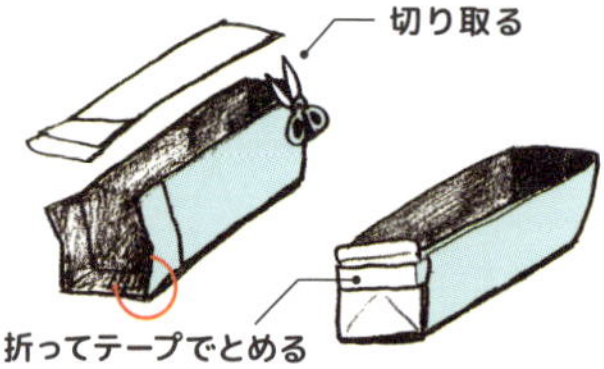
切り取る
折ってテープでとめる

下ごしらえ①

だんだん水が出てくる

❶ フルーツを切る。**イチゴ**：ヘタを取って1cm幅の輪切りにする。**キウイ**：皮をむいて、1cm厚さのいちょう切りにする。

❷ 切ったフルーツとブルーベリーを保存容器などに入れ、ミントを散らしてグラニュー糖をふりかける。

放置

冷蔵庫で**3時間**おき、フルーツをマリネする。

下ごしらえ②

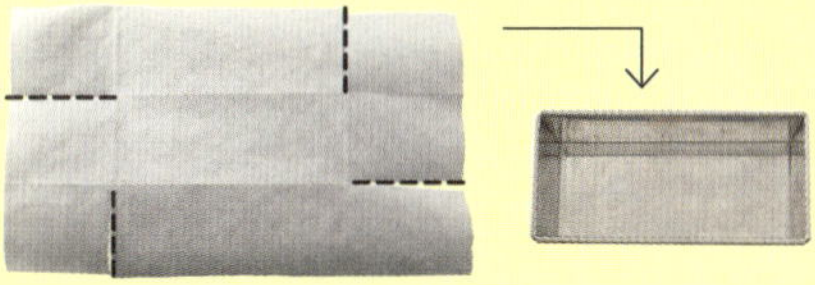

切りこみを入れると型にピッタリ！

❸ 型にオーブンシートを敷きこむ。カステラは厚みを半分に切る。

ツノ

❹ ボウルに生クリームを入れて氷水に当てながら、泡立て器でツノがたつまで泡立てる。

❺ マリネしたフルーツの1/3量をトッピング用に取り出す。残りはヨーグルトと合わせて生クリームに混ぜる。

型につめる

❻ カステラと⑤のクリームを、1/3量ずつ層のように交互に重ねて型に入れる。これを3回くり返し、最後にトッピング用のフルーツをかざる。

放置

ラップをかけて、冷凍庫で**6時間以上**冷やす。

クリームがしっとり固まったらできあがり。

完成

保存

ひと切れずつ切り分けて、ラップで包んで冷凍保存しておくと、すぐに食べられて便利。

アレンジテク：フルーツをかえたり、角切りにしたカステラをトッピングしたりしてもかわいい。

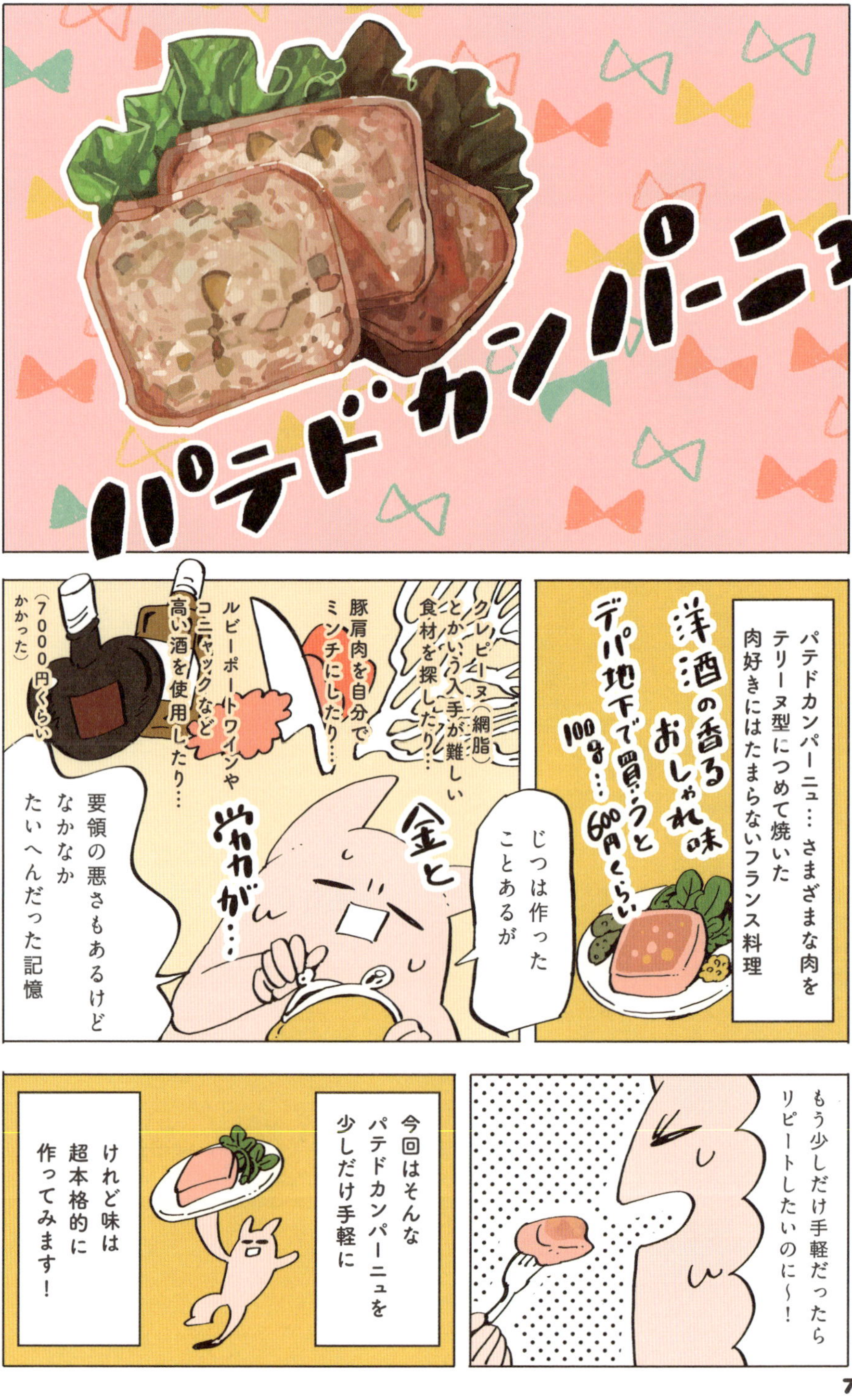
パテドカンパーニュ
パテドカンパーニュ…さまざまな肉をテリーヌ型につめて焼いた肉好きにはたまらないフランス料理
洋酒の香るおしゃれ味
デパ地下で買うと100g…600円くらい
じつは作ったことあるが
クレピーヌ（網脂）とかいう入手が難しい食材を探したり…
豚肩肉を自分でミンチにしたり…
ルビーポートワインやコニャックなど高い酒を使用したり…
（7000円くらいかかった）
金と
労力が…
要領の悪さもあるけどなかなかたいへんだった記憶
もう少しだけ手軽だったらリピートしたいのに〜！
今回はそんなパテドカンパーニュを少しだけ手軽に
けれど味は超本格的に作ってみます！

赤ワインは同量の牛乳で代用できます

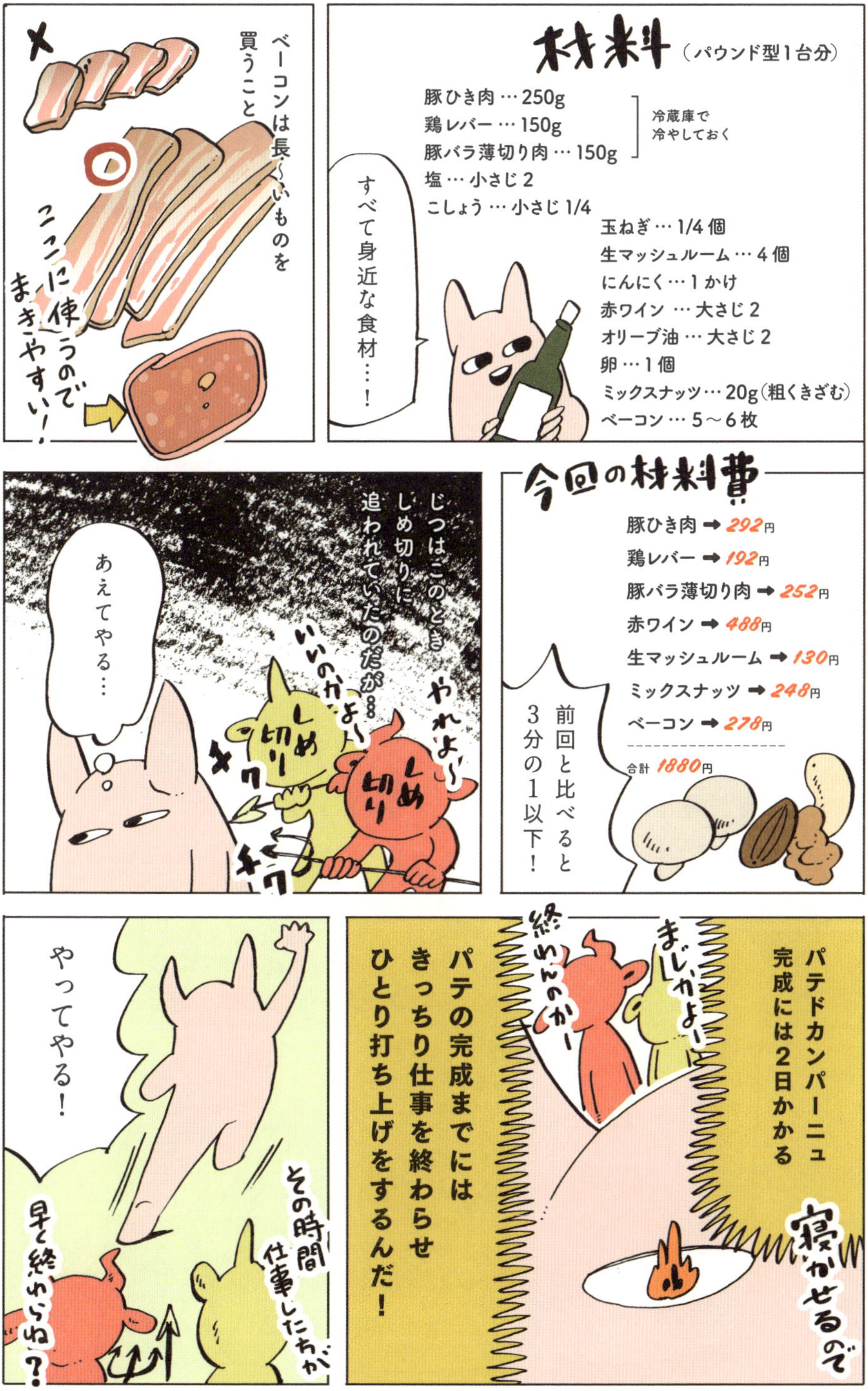
材料（パウンド型1台分）
豚ひき肉…250g
鶏レバー…150g
豚バラ薄切り肉…150g
冷蔵庫で冷やしておく
塩…小さじ2
こしょう…小さじ1/4
玉ねぎ…1/4個
生マッシュルーム…4個
にんにく…1かけ
赤ワイン…大さじ2
オリーブ油…大さじ2
卵…1個
ミックスナッツ…20g（粗くきざむ）
ベーコン…5〜6枚
すべて身近な食材…！
ベーコンは長〜いものを買うこと
ここに使うのでまきやすい！
今回の材料費
豚ひき肉 ➡ 292円
鶏レバー ➡ 192円
豚バラ薄切り肉 ➡ 252円
赤ワイン ➡ 488円
生マッシュルーム ➡ 130円
ミックスナッツ ➡ 248円
ベーコン ➡ 278円
合計 1880円
前回と比べると3分の1以下！
じつはこのときしめ切りに追われていたのだが…
あえてやる…
いいのかよ〜
やれよ〜
しめ切り
しめ切り
チクチク
パテドカンパーニュ完成には2日かかる
寝かせるので
パテの完成までにはきっちり仕事を終わらせひとり打ち上げをするんだ！
まじかよー
終わんのかー
やってやる！
その時間仕事したわが
早く終わらね？

まずは
野菜をみじん切りに
野菜を1分焼きつけ2〜3分炒める
マッシュルームを切る感触って独特で気持ちいい…
ジャ
野菜やきのこのみじん切りは欧風料理の旨味だしなのだ!
しんなりしたら赤ワインを入れ 水分がなくなるまで煮る
鶏レバーの臭みを消して細かくきざむ
きざむ
赤ワインで洗い
さっと水洗い
豚バラを切る
3mm幅に切る
さらに粗くきざむ
肉をミンチにする工程がなくて楽チン
鶏レバーを買うとハツがついてくることがあります
わたしはこうやって処理します
血管や脂肪を切る
切りこみをいれひらく
血合いを洗う
ぷりぷり
きざんでパテに入れてもいいしレバニラみたいに炒めてもおいしい

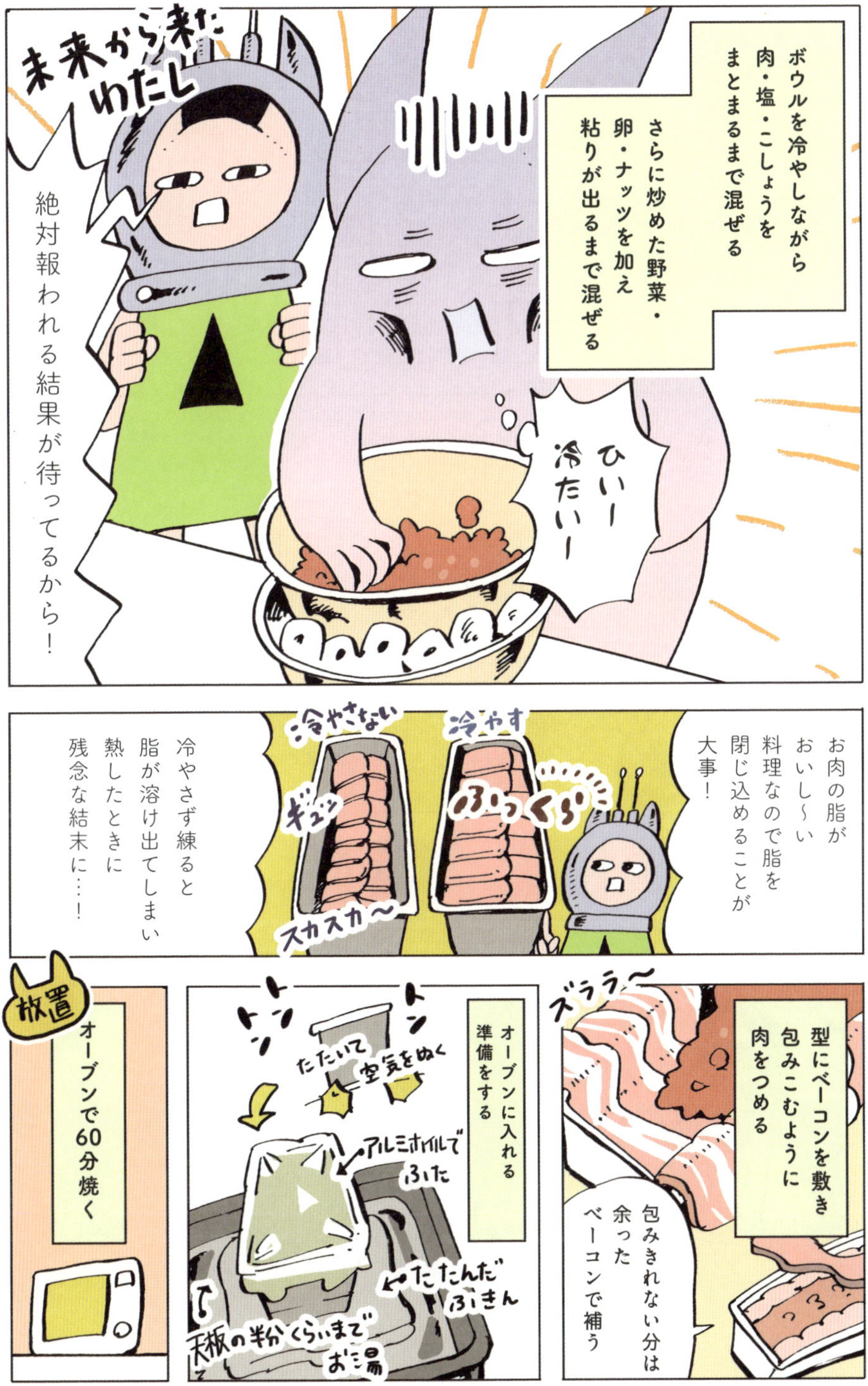

天板にふきんを敷いたりお湯を入れたりすることで熱が均一に入り、よりふっくらした焼きあがりに

60分後
また修正…
仕事はできなかったが…料理はその間にもできつつあるのが救い…
お肉の香ばしい香り！
型の上に平らなバットをのせ2～3kgの重石をする
重石もないし…
ペットボトルで代用できるけどそれすらない…
そうだ！
放置
あとは冷蔵庫で数日なじませるだけ！
呑兵衛《のんべえ》でよかった…
2日後
やーっと終わった！
けど今日は修正多かったな…自炊もろくにできてないし…
部屋も汚い…ダメダメな気持ちだ…
ぐちゃら〜
でも…！
カッ
わたしには い、あれが！

おつかれわたし～
いただきます！
うま、
ひと口でいろんな
肉の旨味が…！
変わった材料
入れてないのに
どうしてこんなに
おしゃれな味なの!?
ナッツも
いい仕事
してますね！
おもてなしにも
ぴったり！
冷凍すればいつでもパッと出せる
パンにも合う！
マスタード
ピクルス
ここんとこ
ダメダメだったけど
こんなおいしいもの作れる
わたしは大したもんだよ…！
掃除は明日…
頑張る……

放っておくだけ

高級食材を使わないのに高級な味 パテドカンパーニュ

いろんなお肉の旨味と食感がたまらない！

時　間：作業 40分　放置 1日〜
調理器具：フライパン、ボウル、パウンド型、アルミホイル
保存期間：冷蔵7日、冷凍1か月

◎材料（パウンド型1台分）

冷蔵庫で冷やしておく
- 豚ひき肉…250g
- 鶏レバー…150g
- 豚バラ薄切り肉…150g

塩…小さじ2
こしょう…小さじ1/4

A
- 玉ねぎ…1/4個（50g）
- 生マッシュルーム…4個（50g）
- にんにく…1かけ

オリーブ油…大さじ2
赤ワインまたは牛乳…大さじ2
卵…1個
ミックスナッツ…20g（粗くきざむ）
ベーコン…5〜6枚（100g）

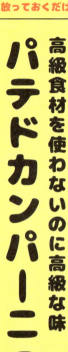

下ごしらえ

❶ Aをそれぞれみじん切りにする。フライパンにオリーブ油を中火で熱し、Aを広げて1分焼き、混ぜながら2〜3分炒める。しんなりしたら赤ワインを加え、水分がなくなるまで炒めたら、取り出して粗熱をとる。

赤ワインや牛乳がレバーの臭みを取る

❷ **鶏レバー**：赤ワイン大さじ2(分量外)で洗い、さっと水洗いして5mm角にきざむ。**豚バラ肉**：3mm幅に切り、さらに粗くきざむ。

赤ワインがなければ牛乳で洗ってもよい。

ボウルにつかなくなるくらい

❸ ボウルを氷水にあてて冷やし、②と豚ひき肉を入れる。塩・こしょうを入れて、指先でざくざくと全体がまとまるまで1分ほど混ぜる。さらに①・卵・ナッツを加え、粘りが出るまでよく混ぜる。

型につめる

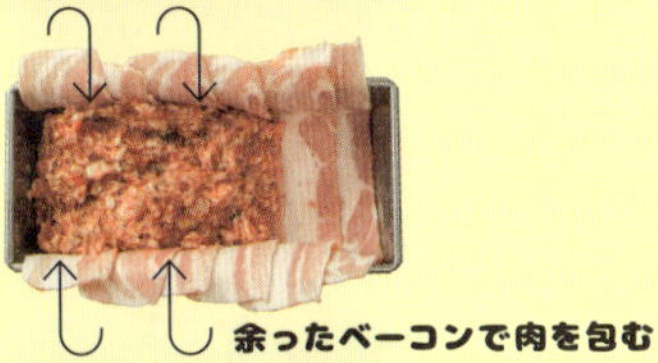
余ったベーコンで肉を包む

❹ 型にベーコンを敷きこみ、③の肉をつめる。表面を平らにし、トントンと落として空気をぬいてから、アルミホイルでふたをする。オーブンは200℃に温める。

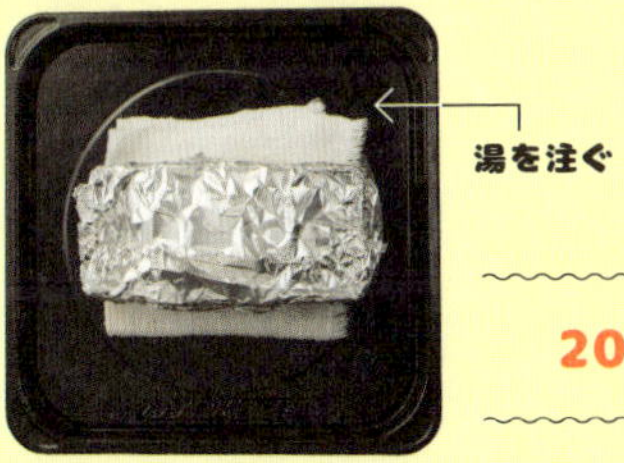
湯を注ぐ

❺ オーブンの天板にたたんだふきんを敷き、その上に型をのせる。80℃くらいの湯を天板の半分まで注ぐ。

放置

200℃のオーブンで**60分**焼く。

仕上げる

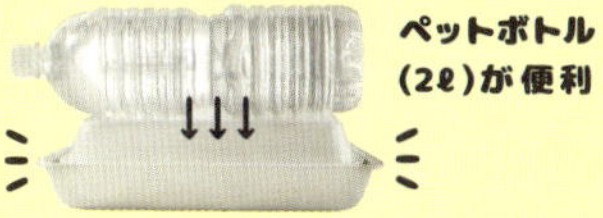
ペットボトル
(2ℓ)が便利

❻ オーブンから取り出し、上に平らなバットなどをかぶせ、2〜3kgの重石をする。完全にさめたら重石をはずす。

放置

冷蔵庫で**1〜2日**おく。

型とパテの間にヘラなどを差しこんで取り出したら、できあがり。

完成

保存　断面が乾きやすいので、切らずにラップで包んで保存する。冷凍も可能。

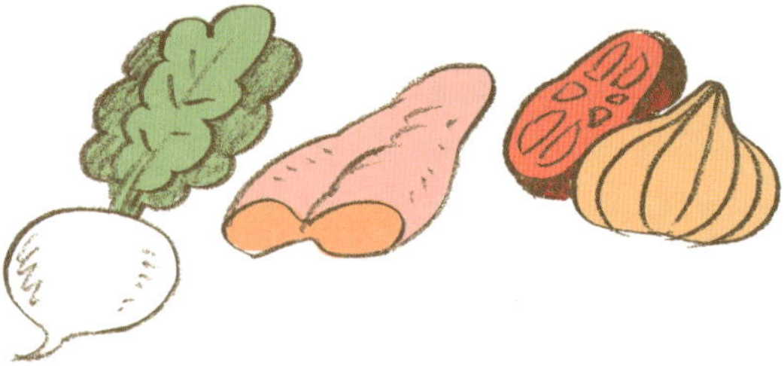

酢でおいしくする

酢は、いわば
有能なナンバー2!
「制菌作用」で
雑菌の増殖を防いで
リーダー(塩)が
おいしさを増幅させるための
時間をかせいでくれる。

ただ酸っぱいだけではない!
もとは米なので旨味がある!

※米以外の穀物や、フルーツの酢もある。

塩とタッグを組めば米の旨味と塩分の旨味でさらにおいしく!

時間がたつと乳酸発酵して 酢自体の旨味も高まる!
へ～んしん!

サラダの概念を覆す

レイヤーサラダ

サラダなのに日持ちする
いつでもシャキシャキ

保存期間：冷蔵1週間

ガラス瓶を使う場合は½量を目安に作る

サラダ食べたいけど野菜を切ったりドレッシング混ぜるの毎回めんどい…
ズボラーに贈る便利でおしゃれなレイヤーサラダ
材料
トマト … 2個
玉ねぎ … 1/2個
ツナ缶 … 小1缶
塩 … 小さじ1
砂糖 … 大さじ1
酢 … 大さじ3
サラダ油 … 大さじ3
ドレッシング混ぜておく
紫玉ねぎで作ってもおしゃれ〜
野菜を切りツナ缶は油を切ってほぐす
5mmの輪切り
繊維を断つように
薄切りに…
ツナ
保存容器に材料を順に入れていく
ドレッシング
ツナ
玉ねぎ
トマト
ガラス瓶だとよりおしゃれに〜
半日以上放置して味をなじませる
完成
日がたっても味がしみて美味！

おうちで割烹《かっぽう》の味

あじの酢漬け

保存期間：皮をむく前の状態で冷蔵5日

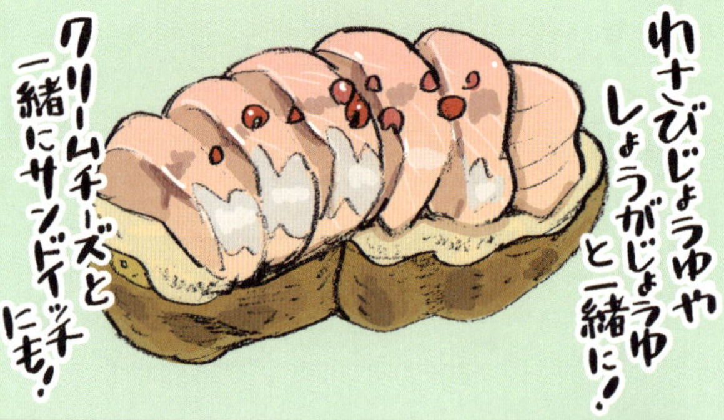

わさびじょうゆやしょうがじょうゆと一緒に！
クリームチーズと一緒にサンドイッチにも！

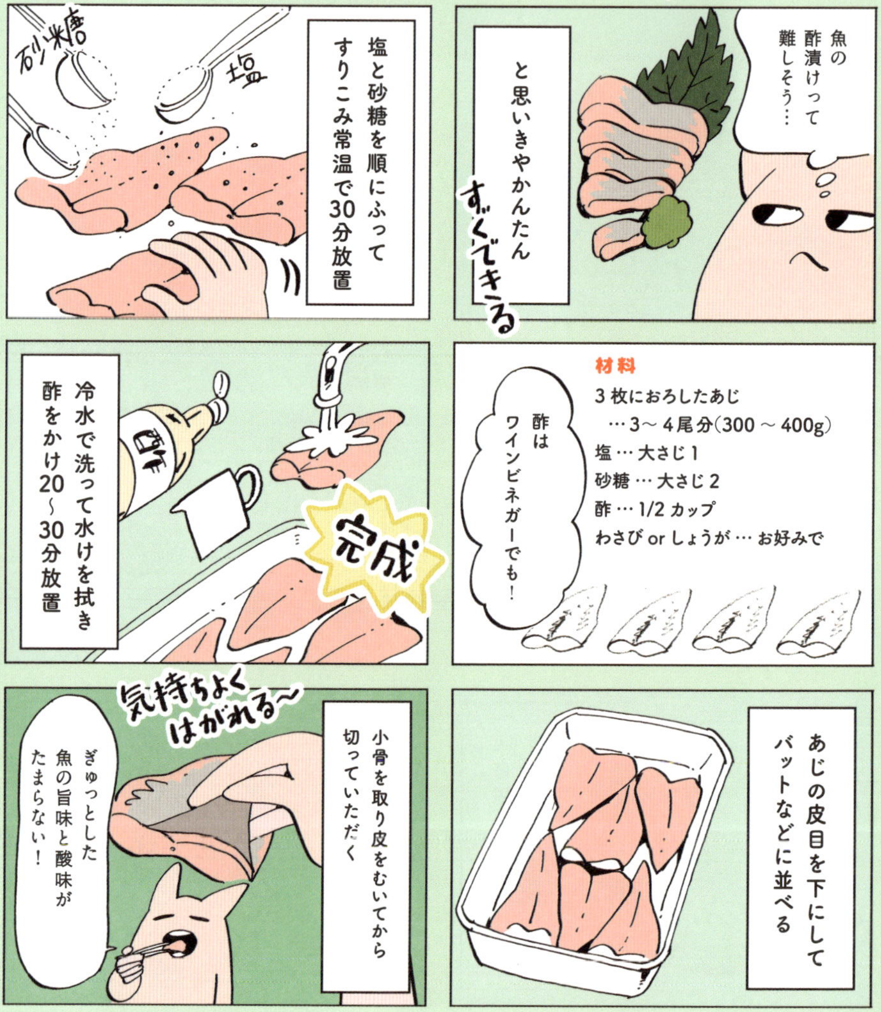

魚の酢漬けって難しそう…
と思いきやかんたん
すぐできる
塩と砂糖を順にふってすりこみ常温で30分放置
砂糖
塩
材料
3枚におろしたあじ
…3～4尾分（300～400g）
塩…大さじ1
砂糖…大さじ2
酢…1/2カップ
わさび or しょうが…お好みで
酢はワインビネガーでも！
冷水で洗って水けを拭き酢をかけ20～30分放置
酢
完成
あじの皮目を下にしてバットなどに並べる
小骨を取り皮をむいてから切っていただく
気持ちよくはがれる～
ぎゅっとした魚の旨味と酸味がたまらない！

買うと意外といいお値段

千枚漬け

保存期間：冷蔵10日

手軽にデパ地下の味
ホカホカのごはんとどうぞ！

朝ごはんに
お弁当に
ごはんのおともがかんたんにできる！

材料

かぶ…4～5個（300g）
塩…小さじ1

合わせ酢

赤唐辛子…1本（小口切り）
酢…大さじ4
みりん…大さじ4

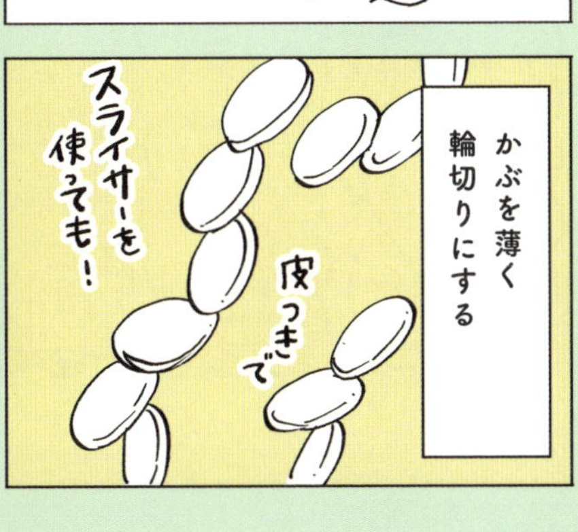
かぶを薄く輪切りにする
スライサーを使っても！
皮つきで

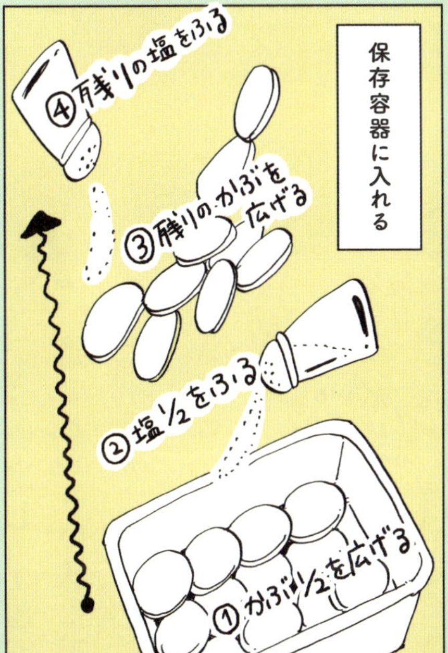
保存容器に入れる
①かぶ1/2を広げる
②塩1/2をふる
③残りのかぶを広げる
④残りの塩をふる

合わせ酢を全体にふり
冷蔵庫で6時間放置
上下を返して
味をなじませる
完成

料理のプロにきいてみた

教えて！
小田先生

Q

「味が濃すぎるor薄すぎる」ときのリカバリーテクを教えてください！

味見をして予想と違う味だったとき、絶望するしかありません。どうすれば巻き返せるのでしょうか？

A

「ちょい足し」するものを工夫すれば、狙いどおりの味に補正できます。

じつは、単純に水や塩を足しても、味が決まらないことが多んです。

◎味が濃い場合

◎味が薄い場合

水＋酒を
1：1で入れてみて！
水だけだと
ボヤっとしちゃう
煮込みやカレーなどの
洋風な料理は
水＋ワインの
1：1がおすすめ
白でも赤でもOK!!
①塩を足す
様子をみながら小さじ¼程度ずつ入れる。砂糖と一緒に入れても◎
②砂糖を足す
砂糖には旨味を引き出す力があるので塩とのコンビで味が決まる！
③バターやごま油を足す
油の効果で汁の温度が高くなり香りや旨味がアップする
④煮汁だけを煮つめて戻す
食材ごと煮つづけるとグズグズになるので汁だけ取り出して煮る

第3章

放っておくだけなのに

いくら食べても飽きない常備菜ができる

おしながき

◎チャーシュー

◎鶏もも肉のコンフィ

◎自家製ツナ

豆腐のオイル漬け

しらすのオイル漬け

チーズのオイル漬け

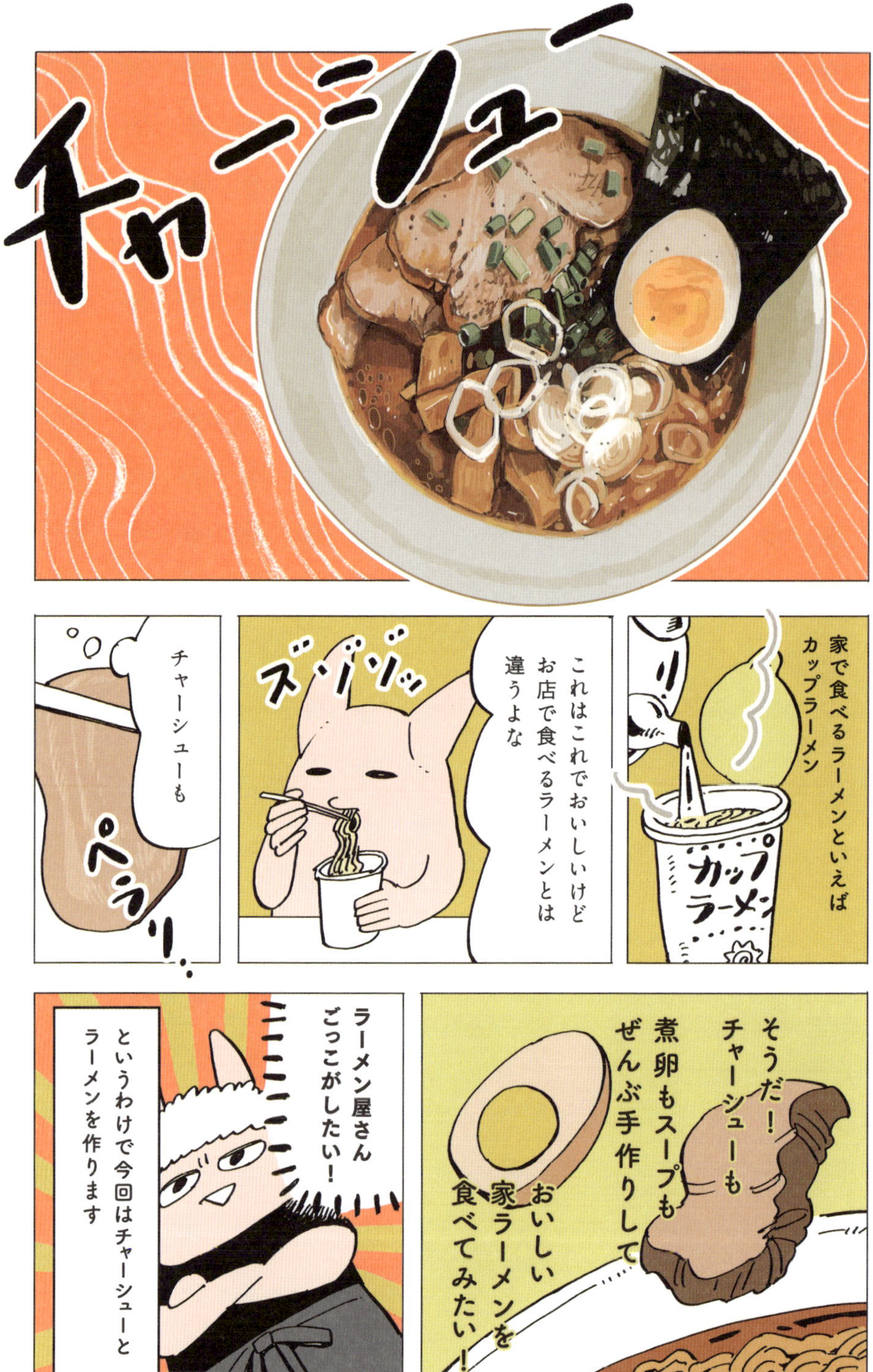

チャーシュー
家で食べるラーメンといえば
カップラーメン
リ!
ズゾゾッ
これはこれでおいしいけど
お店で食べるラーメンとは
違うよな
チャーシューも
ペラリ…
そうだ!
チャーシューも
煮卵もスープも
ぜんぶ手作りして
おいしい
家ラーメンを
食べてみたい!
ラーメン屋さん
ごっこがしたい!
というわけで今回はチャーシューと
ラーメンを作ります

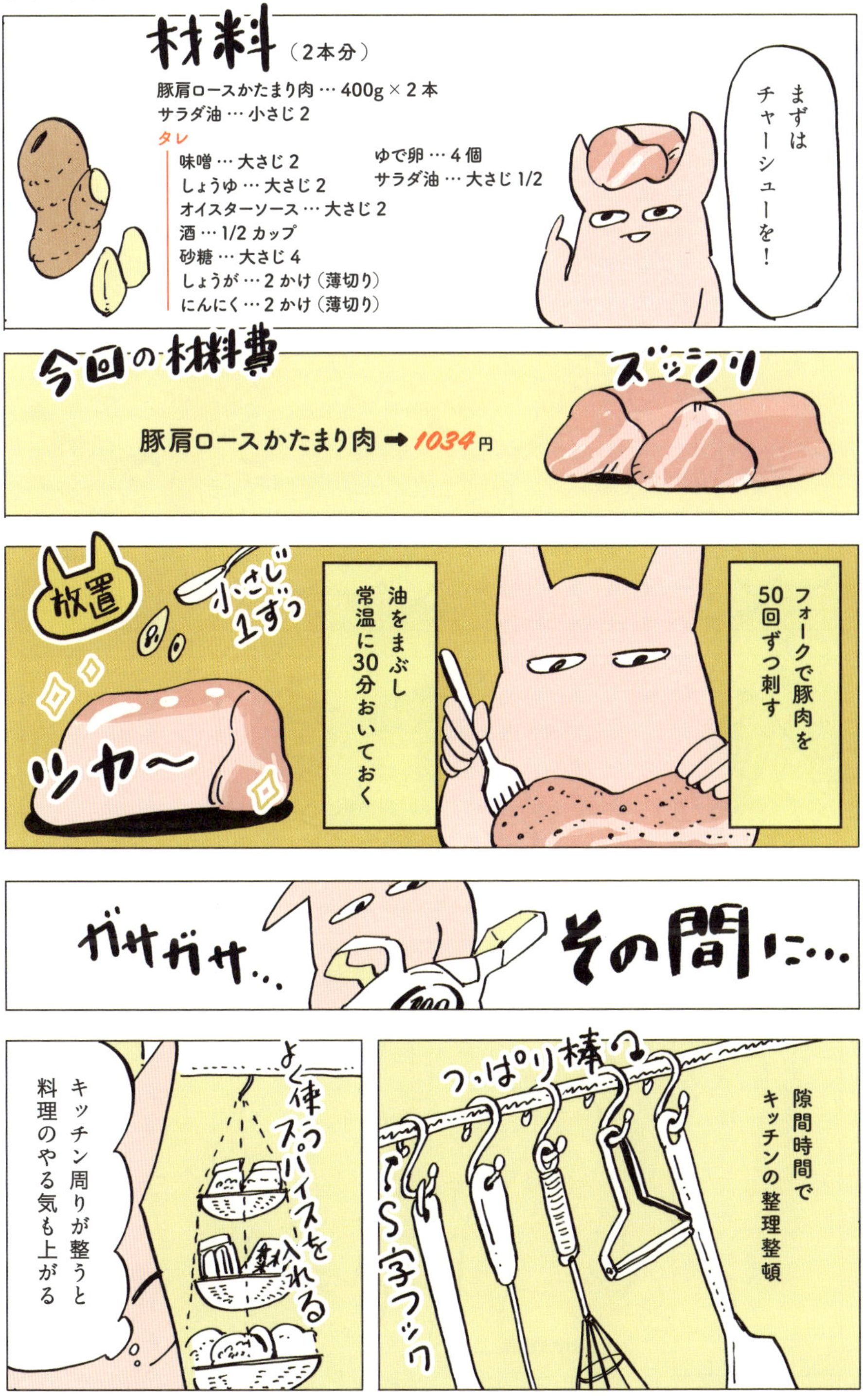

材料（2本分）
豚肩ロースかたまり肉 … 400g × 2 本
サラダ油 … 小さじ 2
タレ
味噌 … 大さじ 2
しょうゆ … 大さじ 2
オイスターソース … 大さじ 2
酒 … 1/2 カップ
砂糖 … 大さじ 4
しょうが … 2 かけ（薄切り）
にんにく … 2 かけ（薄切り）
ゆで卵 … 4 個
サラダ油 … 大さじ 1/2
まずはチャーシューを！
今回の材料費
豚肩ロースかたまり肉 ➡ 1034円
ズッシリ
フォークで豚肉を50回ずつ刺す
油をまぶし常温に30分おいておく
小さじ1ずつ
放置
ツヤ〜
ガサガサ…
その間に…
隙間時間でキッチンの整理整頓
つっぱり棒
S字フック
よく使うスパイスを入れる
キッチン周りが整うと料理のやる気も上がる

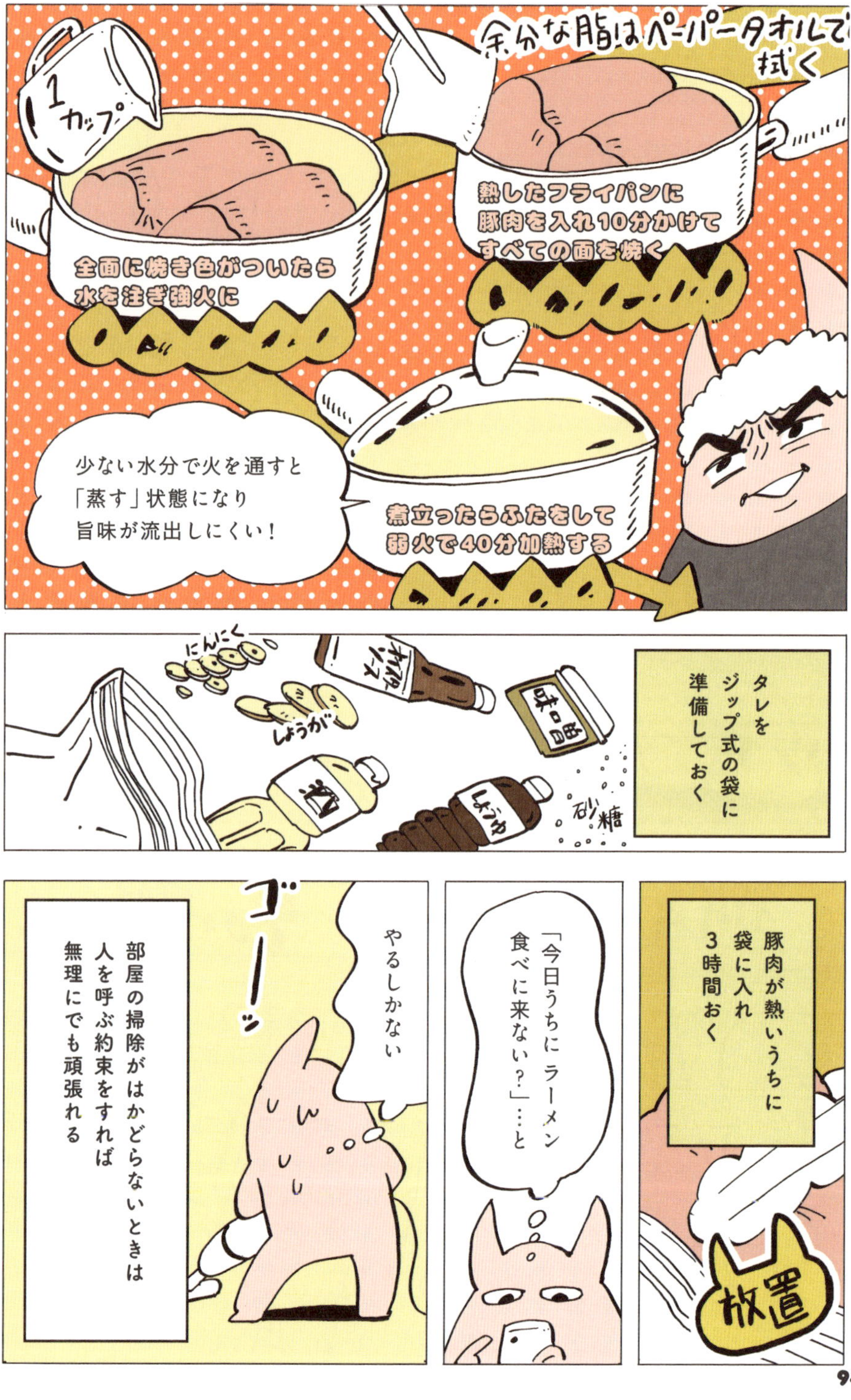

熱したフライパンに豚肉を入れ10分かけてすべての面を焼く
余分な脂はペーパータオルで拭く
1カップ
全面に焼き色がついたら水を注ぎ強火に
煮立ったらふたをして弱火で40分加熱する
少ない水分で火を通すと「蒸す」状態になり旨味が流出しにくい！
タレをジップ式の袋に準備しておく
にんにく
しょうが
しょうゆ
砂糖
豚肉が熱いうちに袋に入れ3時間おく
放置
「今日うちにラーメン食べに来ない？」…と
部屋の掃除がはかどらないときは人を呼ぶ約束をすれば無理にでも頑張れる
やるしかない
ゴーーッ

つぎはラーメンのスープを作ります！
材料（5カップ分）
鶏手羽先 … 6〜8本
水 … 8カップ
酒 … 大さじ2
しょうが … 1かけ（薄切り）
ねぎの青い部分 … 1本（小口切り）
手羽先を水で洗い水けを拭き取る
骨にそう
バチンッ
キッチンばさみで切りこみを入れる
スープ道
① 材料をすべて鍋に入れ 中火にかける
② 煮立ったらアクを取り弱火で煮る
放置
30〜40分
③ そしてこす！
これでスープは完成
最高のおうちラーメン作りも大づめ！チャーシューを仕上げます！
8分ゆでた卵
サラダ油
チャーシュー
フライパンに油を中火で熱し汁けを切った豚肉を転がしながら4〜5分焼く
ジュー
近所でこの匂いがしたらその家の子になりたいくらいのいい香り！

ペーパータオルで
脂を拭き取り
ゆで卵とタレを加える
コロコロ
豚肉を転がしながら
さらに4～5分かけて
全体にタレをからめたら…
できあがり
お客様が来たら
ラーメンの
仕上げ！
らっしゃい！
仕上げスタート
器にチャーシューのタレを入れる
大さじ2
生中華麺をゆで水けを切る
お湯はたっぷり
材料を小鍋に入れ煮立てる
・スープ4～5カップ
・塩こしょう 各小さじ½
・しょうゆ 大さじ2
・ゴマ油 小さじ1
・ねぎ小口切り
器にスープと麺を盛り…
カップ麺とは違うプロの香り！
具をのせて完成!!

お待ち！
じゃーん
うまっ！
ズゾゾゾゾッ
チャーシューにタレがしみてるし…旨味もギュッと閉じ込められてておいしい！
お店みたい……
ぷはっ
スープもいい！
あっ飲み干した
チャーシューや煮卵はおにぎりや
ちまきの具にもいい
タレはちまきの味つけにも使える！
誰かを呼ぶと部屋も片付くし
ごちそうさまです
おいしさも共有できるし一石二鳥である

放っておくだけ

肉汁をすべて閉じ込めた チャーシュー

時間：作業 40分 放置 4時間10分
調理器具：フライパン、ジップ式の袋
保存期間：冷蔵7日、冷凍1か月

STOCK

◎材料（2本分）

豚肩ロースかたまり肉
…400g×2本
サラダ油…小さじ2

A ジップ式の袋に混ぜておく
味噌…大さじ2
しょうゆ…大さじ2
オイスターソース…大さじ2
酒…1/2カップ
砂糖…大さじ4
しょうが…2かけ（薄切り）
にんにく…2かけ（薄切り）

ゆで卵…4個（8分ゆで）
サラダ油…大さじ1/2
白髪ねぎ…お好みで

熱湯から8分ゆでる

下ごしらえ

❶ 冷蔵庫から豚肉を取り出し、それぞれフォークで50回ずつ刺してから、油小さじ1ずつをまぶす。

放置

常温で**30分**おく。

焼く

これくらい
色がつくまで焼く

❷ 中火で熱したフライパンに豚肉を入れ、10分かけてすべての面を焼く。余分な脂はペーパータオルで拭き取る。

❸ 全面に焼き色がついたら水1カップを注いで強火にし、煮立ったらふたをする。

放置

弱火で**40分**蒸し焼きにする。 20分たったら上下を返す。

味つけ

空気をぬき、
タレを全体に
なじませる

❹ 豚肉が熱いうちに、**A**のタレに入れる。

放置

3時間漬け込む。

仕上げる

❺ フライパンに油大さじ1/2を中火で熱し、袋から取り出して汁けを切った豚肉を転がしながら4～5分焼く。ペーパータオルで脂を拭き取り、ゆで卵とタレを加える。豚肉を転がしながら、さらに4～5分かけて味をからめたら、切り分けて器に盛り、白髪ねぎを添える。

保存	タレといっしょに保存容器にうつし、食べる分だけスライスする。

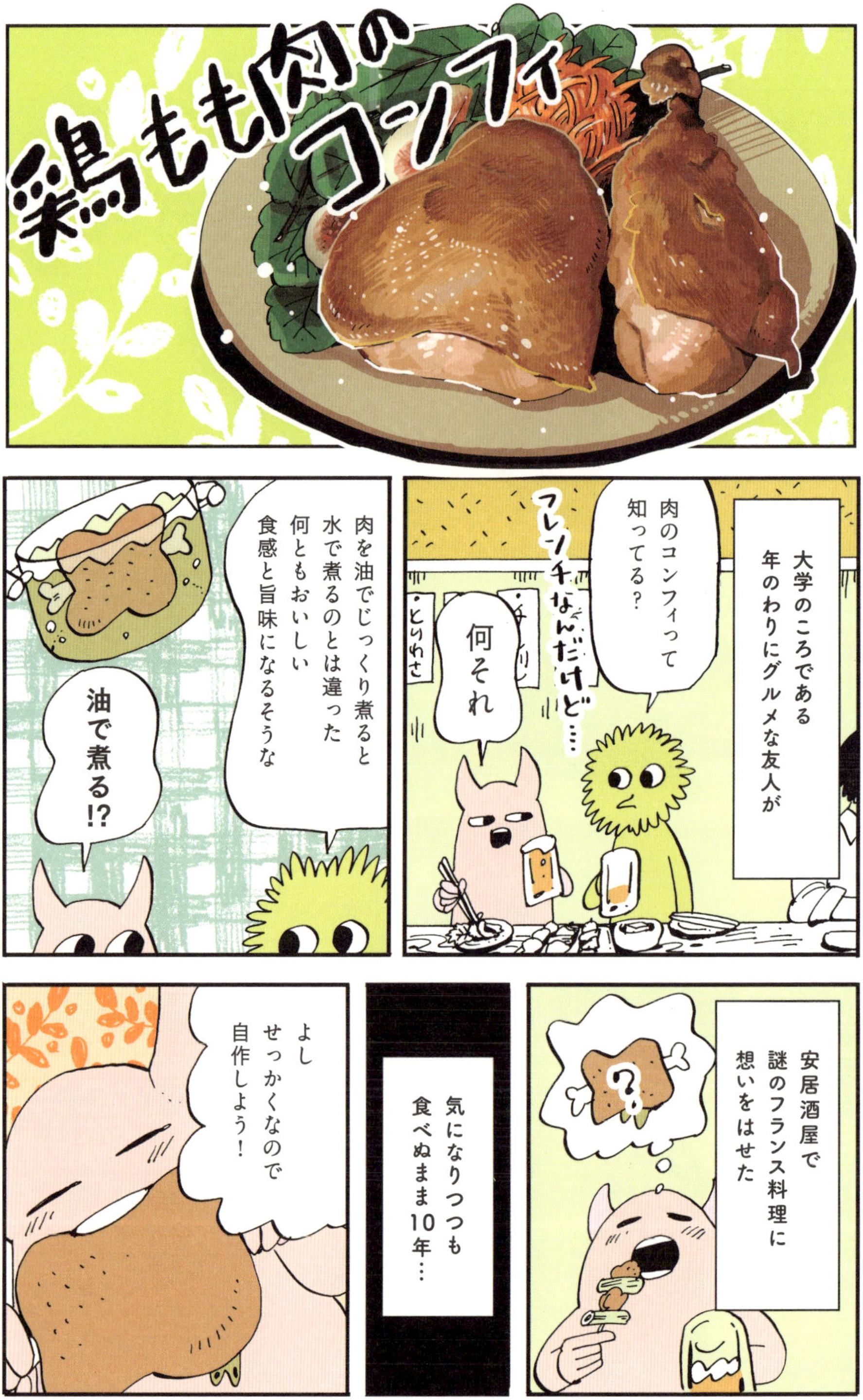
鶏もも肉のコンフィ
大学のころである 年のわりにグルメな友人が
肉のコンフィって知ってる？
フレンチなんだけど…
何それ
とりわさ
肉を油でじっくり煮ると水で煮るのとは違った何ともおいしい食感と旨味になるそうな
油で煮る!?
安居酒屋で謎のフランス料理に想いをはせた
?
気になりつつも食べぬまま10年…
よし せっかくなので自作しよう！

ラードなしでも作れますが、ラードを入れるとコクがケタ違いにアップします！

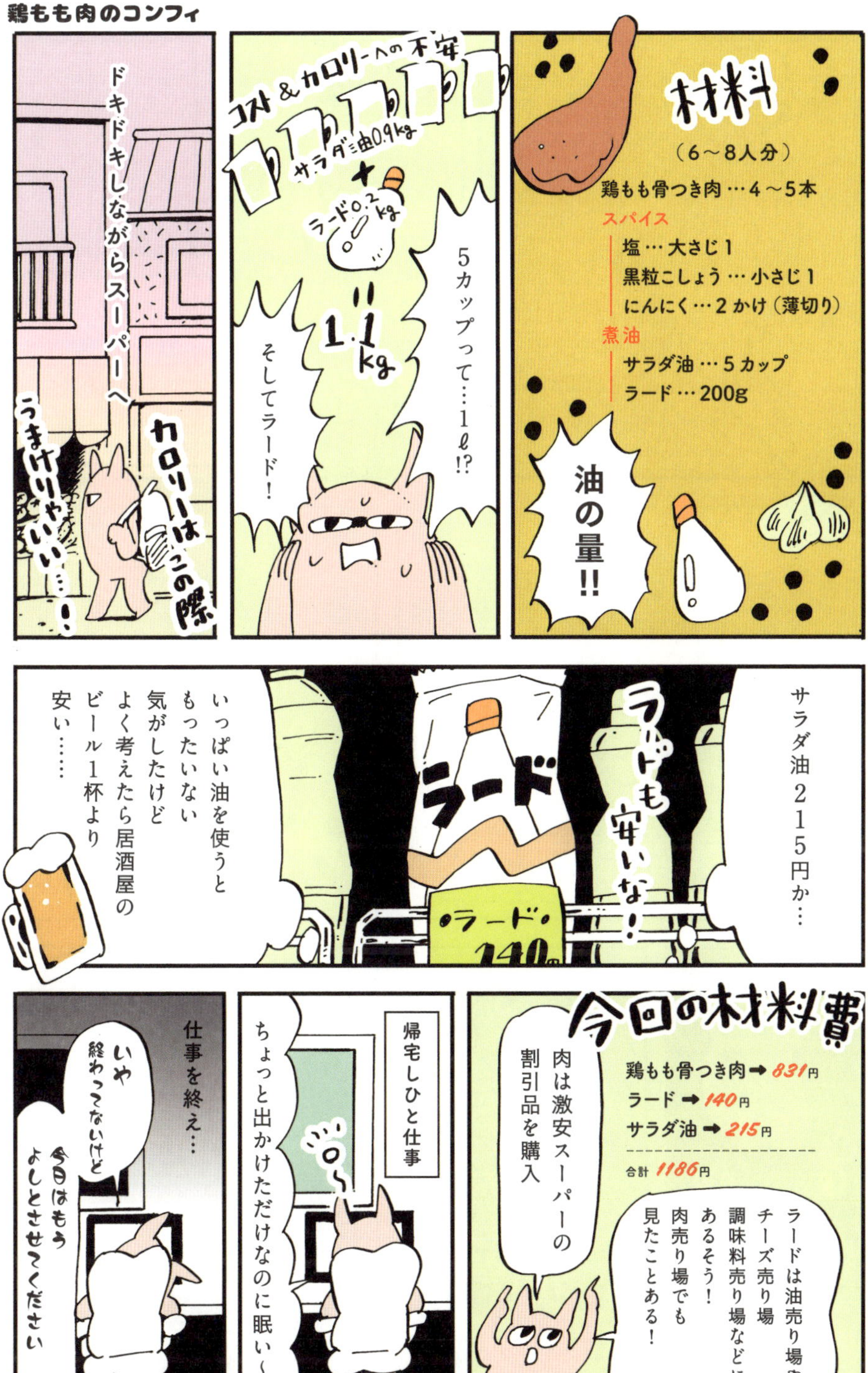

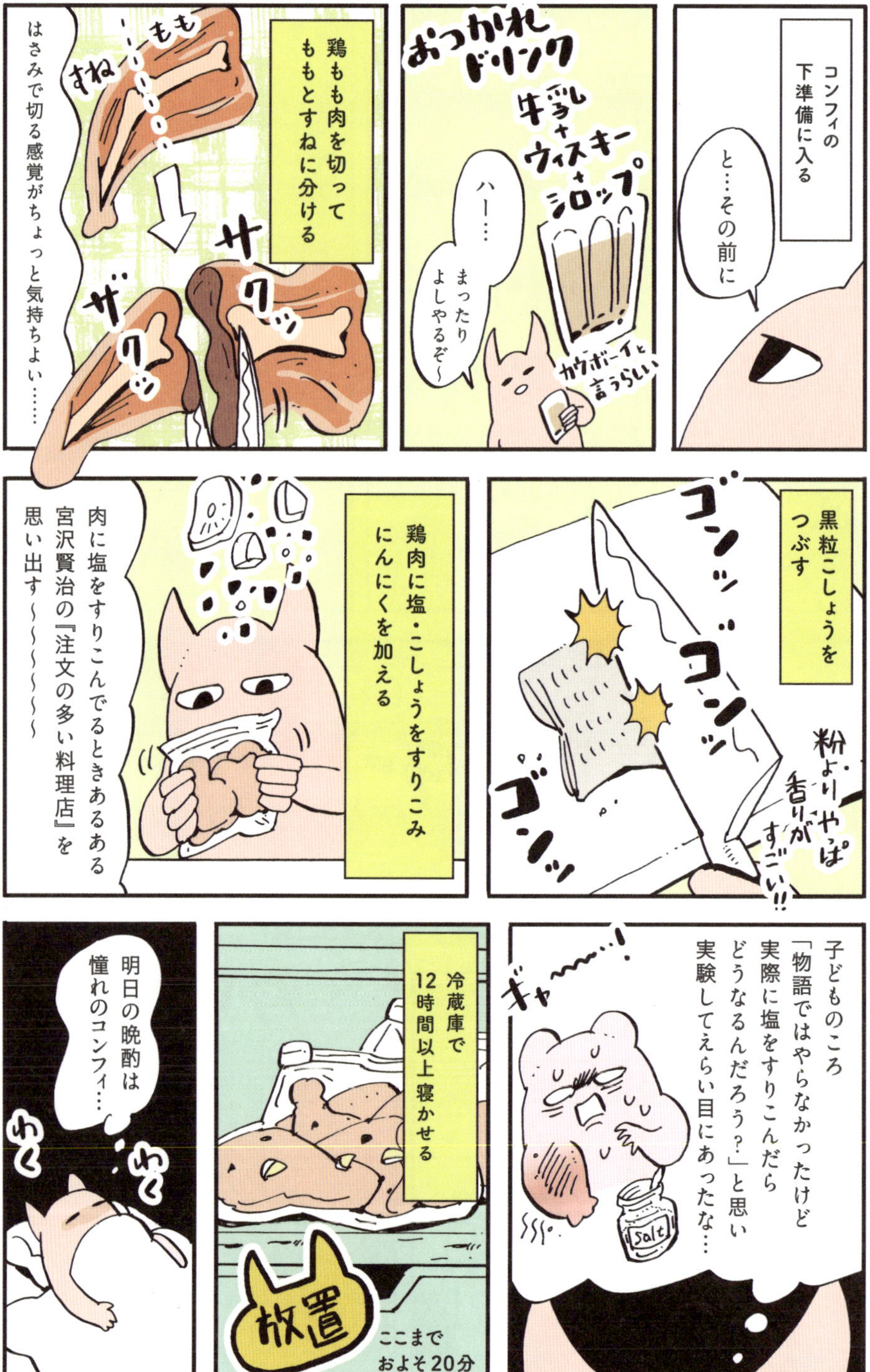
コンフィの下準備に入る
と…その前に
おつかれドリンク
牛乳＋ウィスキー＋シロップ
ハー…
まったりよしやるぞ〜
カウボーイと言うらしい
鶏もも肉を切ってももとすねに分ける
もも
すね
ザクッ
ザクッ
はさみで切る感覚がちょっと気持ちよい……
黒粒こしょうをつぶす
ゴンッ
ゴンッ
ゴンッ
粉よりやっぱ香りがすごい!!
鶏肉に塩・こしょうをすりこみにんにくを加える
肉に塩をすりこんでるときあるある宮沢賢治の『注文の多い料理店』を思い出す〜〜〜〜
子どものころ「物語ではやらなかったけど実際に塩をすりこんだらどうなるんだろう?」と思い実験してえらい目にあったな…
ギャ〜〜!
Salt
冷蔵庫で12時間以上寝かせる
放置
ここまでおよそ20分
明日の晩酌は憧れのコンフィ…
わく
わく

翌日
鍋に油と煮油を入れ
鶏肉を加える
ドボドボ
ニュル
ニュル…
やって
やったぞ……
ハイになってる
ハア
ハア
どーん
油たぷたぷ
鍋を中火にかけ ふつふつしたら
肉を動かして油をいきわたらせる
トングが
便利です
放置
やや強めの弱火で
じっくり1時間くらい煮る
改めて見ても
とんでもない油量!!
うわぁ いろんな
油の香りがっ…!
罪!!

煮てる間に
お店感をアップするため
付け合せを作ってみた
カボチャスープ
サラダ
キャロットラペ
1時間後
よし
ひとまず
完成！
すぐに煮油から鶏肉を
取り出し 粗熱をとる
今日食べない分は
保存して
チキンエキス
コンフィ
食べる
分は…
ジュ〜〜〜
できた〜
でーん

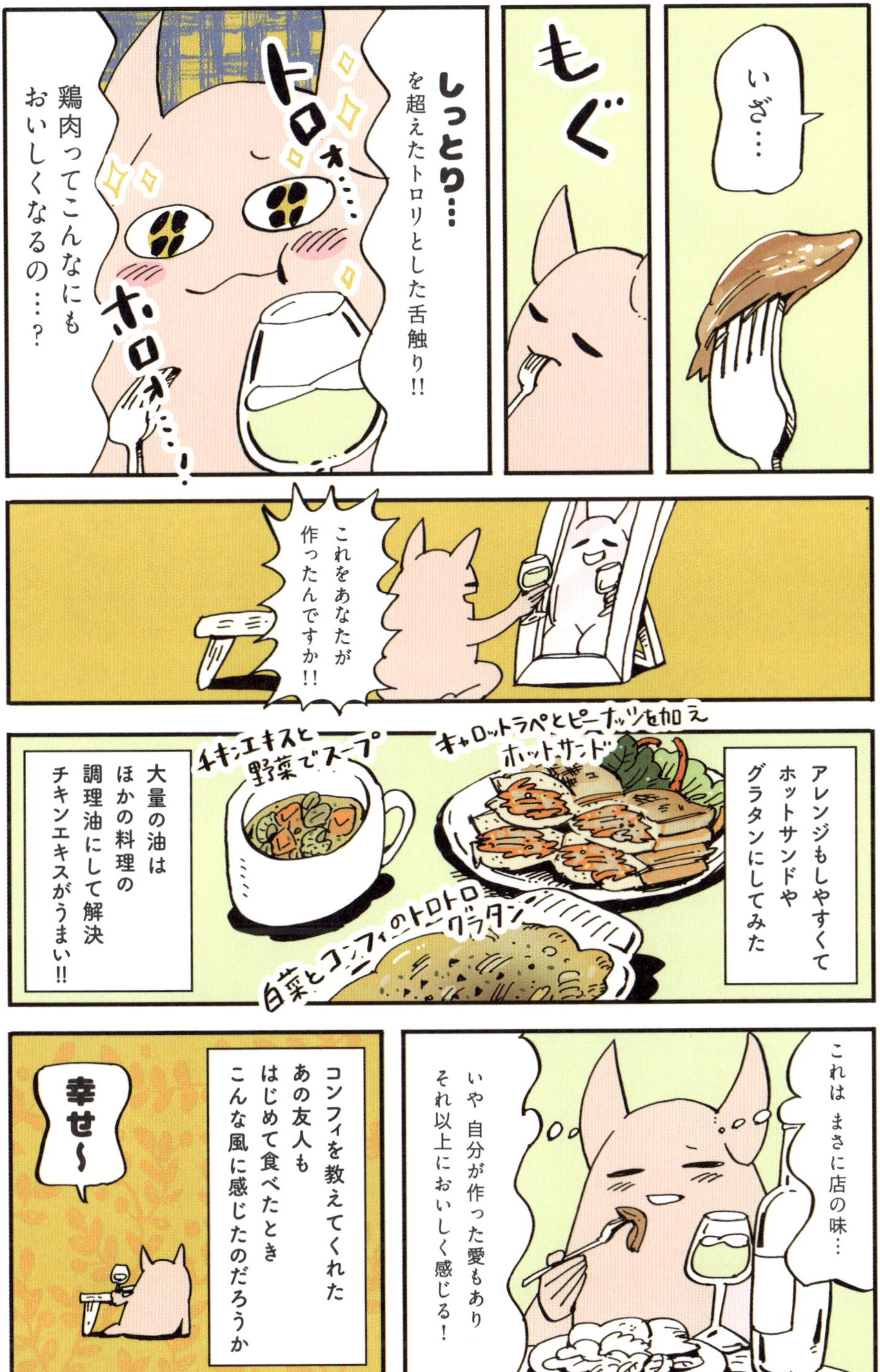
いざ…
もぐ
しっとり…を超えたトロリとした舌触り!!
トロォ…
ホロォ…!
鶏肉ってこんなにもおいしくなるの…?
これをあなたが作ったんですか!!
アレンジもしやすくてホットサンドやグラタンにしてみた
キャロットラペとピーナッツを加えホットサンド
チキンエキスと野菜でスープ
白菜とコンフィのトロトロ グラタン
大量の油はほかの料理の調理油にして解決 チキンエキスがうまい!!
これは まさに店の味…
いや 自分が作った愛もあり それ以上においしく感じる!
コンフィを教えてくれた あの友人も はじめて食べたとき こんな風に感じたのだろうか
幸せ〜

外はパリパリ、
中はじゅわっと
やわらかい

放っておくだけ

ビストロの味、なのに保存もきく 鶏もも肉のコンフィ

時　間：作業 30分　放置 12時間50分〜
調理器具：鍋(24cm)、ジップ式の袋
保存期間：冷蔵2〜3週間、冷凍3か月

STOCK

◎**材料**(6〜8人分)

鶏もも骨つき肉…4〜5本(1.2〜1.5kg)
塩…大さじ1
黒粒こしょう
　…小さじ1(つぶす)
にんにく…2かけ(薄切り)

【煮油】
サラダ油…5カップ
ラード…200g
※ラードがなければサラダ油1カップを追加

※骨なし肉でも作れる

ラード

下ごしらえ

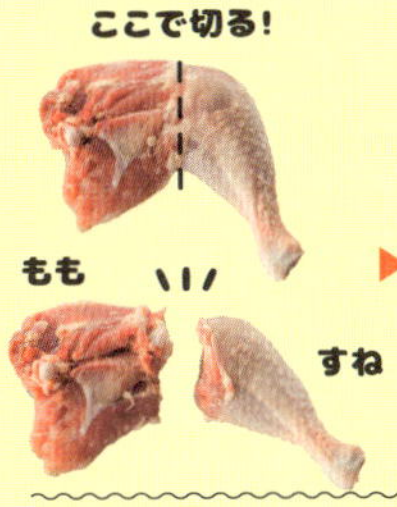
ここで切る!
もも
すね

❶ 鶏肉の関節をキッチンばさみで切って、ももとすねに分ける。

❷ 鶏肉をジップ式の袋に入れて、塩・こしょうをすりこみ、にんにくを加えて口を閉じる。

放置

冷蔵庫で**12時間**寝かせる。

zzz
zzzz

煮る

煮油でひたひたにする
ラード

❸ 鍋に**煮油**の1/2量を入れる。鶏肉の皮を引っ張って形を整えながら鍋につめたら、残りの**煮油**を入れる。

❹ 鍋を中火にかける。泡がふつふつと沸いてきたら、鶏肉を動かし、全体に**煮油**をいきわたらせる。

肉が固くなるので温度が上がりすぎないように注意
ポコ…
ポコ…

❺ やや強めの弱火くらいで煮る。軽くポコ…ポコ…と音がするくらい(80～90℃)を保つ。表面にアクなどが出たら取り除く。

放置

50分煮る。

ワクワク
ワクワク

仕上げる

そのまま食べてもおいしい

❻ ももを先に取り出し、すね部分はさらに10～20分煮る。

❼ トングやヘラで鶏肉を取り出す。油を引かずにさっとフライパンで焦げ目をつけていただく。すぐに食べない分も鍋から取り出して、粗熱をとる。

保存

- **保存容器に鶏肉を入れ、煮油の上澄みだけをすくって、完全に鶏肉がかぶるくらいまで加える。**
  鶏肉を取り出した後の煮油は、2～3回くらいコンフィに使えるので取っておく。底にたまった黄色い汁は、鶏肉のエキス。煮物や炒め物のコクづけやスープのベースに使える。
- **保存後は、フライパンで焼いて食べる。**
  皮目を下にして冷たいフライパンに入れ、中火で焼く。出てくる油をかけながら、全体にカリッと焼き色がついたら完成。

鶏肉のエキス

アレンジテク:メープルシロップやはちみつをからめて野菜と一緒に焼くと、油と糖分で濃厚な味わいに。

自家製ツナ
ツナは身近な食材だが
ツナ
今日はツナを食べるぞ～
わく わく
という感じにはならない
わたしとツナとの関係は
物足りないな…ツナでも入れるか…
茶漬け
食べるものがない…しかたないツナ缶にするか…
ツナ
やや評価低めなのである
立ち食い
そんなツナが手作りだとグンと特別なものになるらしい…

材料（6～8人分）
かじき…4切れ
塩水
水…2カップ
塩…大さじ4
玉ねぎ…小1個
ロリエ…1枚
赤唐辛子
…1本（種を取る）
白ワイン…大さじ2
水…大さじ3
油
オリーブ油
…1カップ
サラダ油
…1カップ
かじきか…
昔 大トロと間違えて
その淡白さに驚いたな…
安！
あれ!?
今回の材料費
かじき ➡ 887円
ロリエ ➡ 135円
合計 1022円
ワインは晩酌用のを
使えばいいや
かじきを3等分に切り
塩水に漬けて1時間おく
塩分12～13%
の
塩
放置
ひたひた
よく料理番組などで見るバット
あると段違いに料理しやすく
なるからぜひ買うべき！
100均にもある！
揚げ物
マリネ
切った野菜・肉
放置の間に仕事を片付け……

フライパンでかじきを蒸し焼きにする
①玉ねぎを敷き込む
②かじきを並べ
③ロリエ・赤唐辛子をのせ
④水・白ワインをふる
ふたをして煮立ったら
放置
弱火にして30分
火を止めて粗熱をとる
ふわあ
従来のツナ観とは違うおしゃれな匂いがたちこめる!
粗熱がとれるまでこの匂いを肴《さかな》(?)に湯船に浸かるか〜
スゥ…
こうしてる間にもツナがおいしくなってるんだな…
フフフ…
粗熱をとることで魚の水分と旨味が戻るそう
ぐう

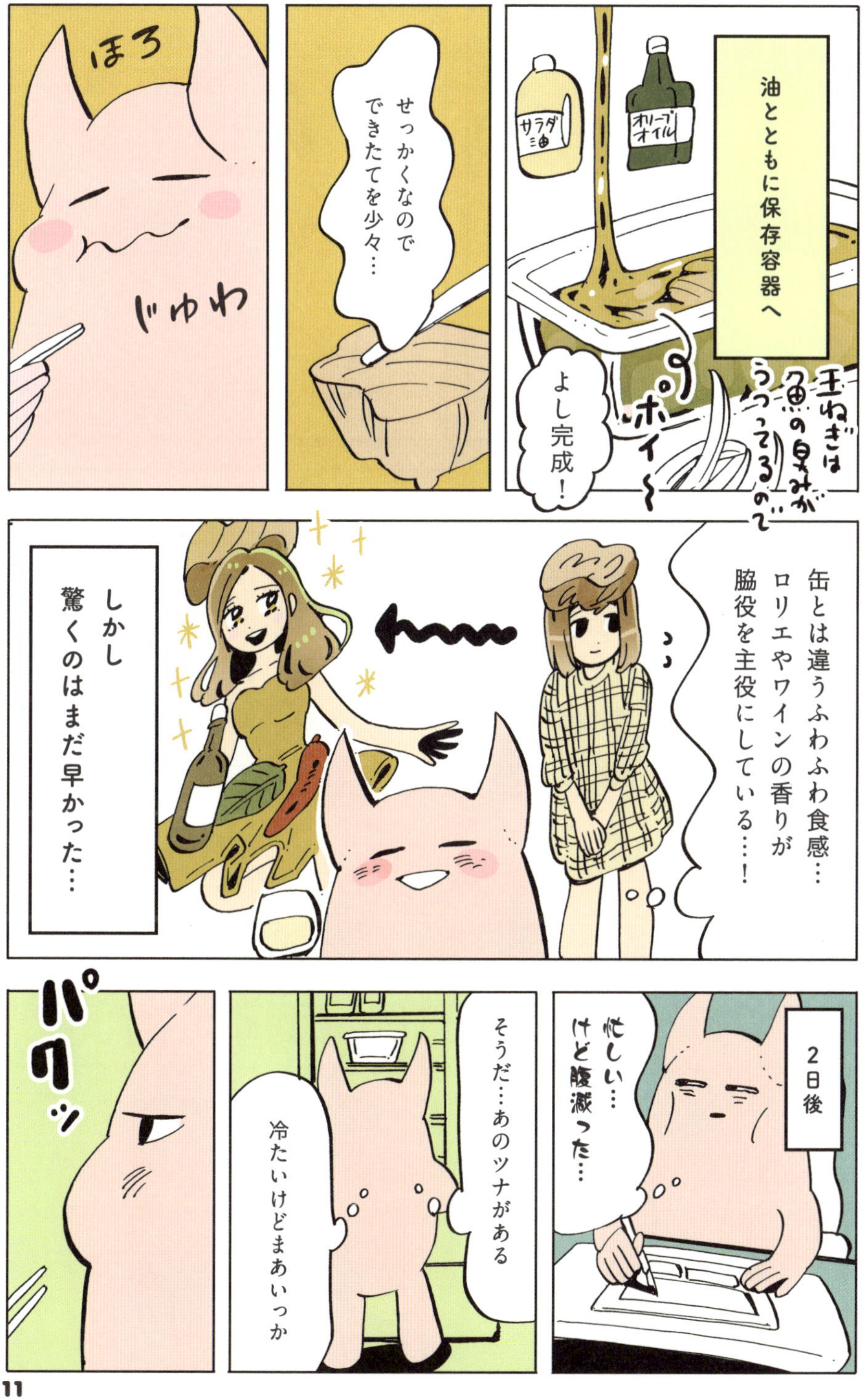
油とともに保存容器へ
玉ねぎは魚の旨みがうつってるので
ポイ〜
よし完成！
せっかくなのでできたてを少々…
ほろ
じゅわ
缶とは違うふわふわ食感…ロリエやワインの香りが脇役を主役にしている…！
しかし驚くのはまだ早かった…
2日後
忙しい…けど腹減った…
そうだ…あのツナがある
冷たいけどまあいっか
パクッ

うっ…うまーーー
ぷりっ
ぎゅっとつまった旨味はもちろんだけど食感が！
やわらかさと弾力のバランスが最高
止まらぬ〜
ハグハグハグ
アレンジの幅も抜群
まずは定番のツナサンド
自分で作ったツナだと思うと定番のメニューもきらめいて見える
パサついたツナのイメージが変わる…
朝食が底上げだ〜

定番のおにぎりはもちろん
おしゃれなアレンジもいけた
冷凍パイシートとじゃがいも・玉ねぎで
ツナパイ
玉ねぎの甘みとツナの
塩気がポテトにしみておいいし〜
ツナマヨおにぎり
かわいい容器に
入れたら
お裾分けにもいい
もらったツナで
レモンのパスタ作ったよ〜
かじきでなくサンマで作っても
ポ 月...
じ〜〜ん...
日常的なものが
特別になると
毎日が少しだけ
楽しくなる

放っておくだけ

ツナを見る目がガラリと変わる 自家製ツナ

これがツナ!?
ってレベルで
ぷりぷりジューシー

時　　間：作業 30分　放置 1日～
調理器具：**フライパン、保存容器**
保存期間：冷蔵**3**週間

STOCK

◎**材料**（6〜8人分）

かじき…4切れ（400〜500g）

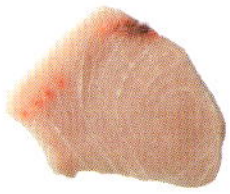

お刺身用の赤身のマグロなどでもよい

A 混ぜておく
水…2カップ
塩…大さじ4（50g）

玉ねぎ…小1個（150g）
ロリエ…1枚

赤唐辛子…1本（種を取る）
白ワイン…大さじ2
※臭み取り用。レモンの輪切りや酒でもOK
水…大さじ3

B
オリーブ油…1カップ
サラダ油…1カップ

下ごしらえ

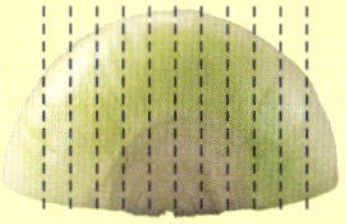
切る

バットや大きめの保存容器が便利

❶ 玉ねぎを薄切りにする。かじきは1切れを3等分して**A**に漬ける。

放置

冷蔵庫に**1時間**おいて下味をつける。

加熱する

❷ フライパンに玉ねぎを敷き、水けを切ったかじきを並べる。半分にちぎったロリエと、赤唐辛子をのせ、白ワインと水をふりかける。

❸ ふたをして中火にかけ、ふつふつと煮立たせる。

放置

弱火で**30分**蒸し焼きにする。

完成

かじきの頭が出ないように
1日なじませたら完成、2日めくらいが食べごろ

❹ 火を止めて、粗熱がとれるまで待つ。かじき・ロリエ・赤唐辛子だけを保存容器にうつし、よく混ぜた**B**を、かじきがかぶるまで注ぐ。

保存 | 容器に立てて入れると、油の量が少なくてすむ。平らな容器を使う場合は小さめのものを。

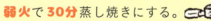

放置テク③

油でおいしくする

油の特技は
「密室」を作ること！
食材の表面を
コーティングして
空気を遮断するから
雑菌が入りこめないし
温度も伝わりにくい。
じゃま者なしの閉鎖空間で
旨味だけがじわじわ育つのだ！

油はすごい
太古の昔から油は人間のエネルギー源！食べると舌や脳が刺激されおいしさを感じる

食材から水分がぬけるのを防ぐので、ジューシーさが保たれる！

そもそも、油自体に旨味がある！ 人が本能的に「おいしい」と思う味は「油」と「甘味」のかけ合わせ。

イメチェンにもほどがある

豆腐のオイル漬け

そのままでもごはんのおともにも!
ギュッと濃厚!!

保存期間：冷蔵1週間

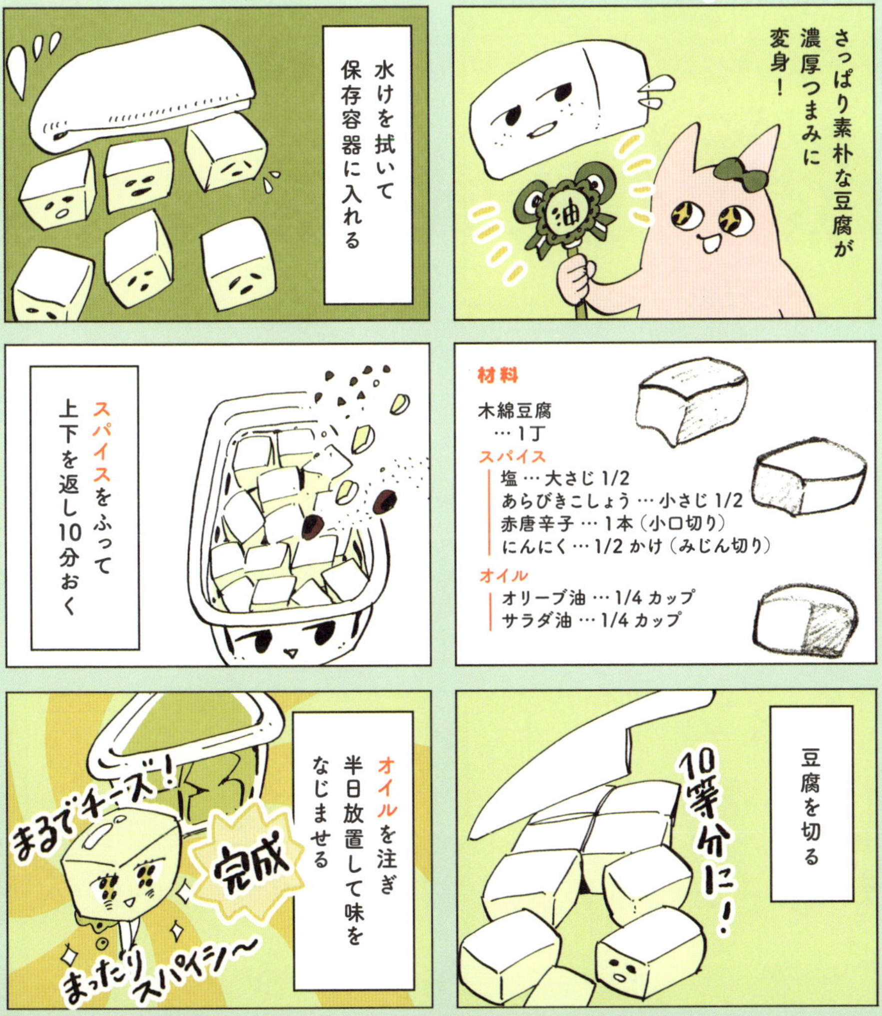

さっぱり素朴な豆腐が濃厚つまみに変身!
油
水けを拭いて保存容器に入れる
材料
木綿豆腐…1丁
スパイス
塩…大さじ1/2
あらびきこしょう…小さじ1/2
赤唐辛子…1本（小口切り）
にんにく…1/2かけ（みじん切り）
オイル
オリーブ油…1/4カップ
サラダ油…1/4カップ
スパイスをふって上下を返し10分おく
豆腐を切る
10等分に!
オイルを注ぎ半日放置して味をなじませる
まるでチーズ!
完成
まったりスパイシ～

油までおいしい

しらすのオイル漬け

パスタに！
バゲットに！
冷奴に！
しらすがピチピチ

保存期間：冷蔵3週間

安売りしていたらチャンス！
しらすがリピート間違いなしの絶品に変身！

材料

しらす … 100g
にんにく … 1かけ（みじん切り）
調味料
- 塩 … 小さじ 1/4 ～ 1/2
- 赤唐辛子 … 1本（小口切り）
- パセリ … 大さじ 1（みじん切り）

サラダ油 … 1/2 カップ
オリーブ油 … お好みで

熱湯にしらすを入れてすぐ取り出し水けを切って耐熱ボウルへ
しっかり切る

サラダ油とにんにくを中火にかけ にんにくがきつね色になったら調味料を加えて火を止める
にんにくの香り
フワッ

しらす目がけてオイルをかける

保存容器にオイルごとうつし冷蔵庫で放置する
表面が出たらオリーブ油をかける
完成
1日目にお好みで塩分を足しても

ひと口食べたら止まらない

チーズのオイル漬け

保存期間：冷蔵1か月

クラッカーやバゲットに
ハーブとオイルで風味UP！

チーズも油も大好きです！
って方にぜひ作ってもらいたい一品

チーズは4㎝角程度に大きく割り保存容器に入れる

材料

お好みのチーズ … 200g
ハーブミックス … 小さじ 1/4
オリーブ油 … チーズがかぶるくらい

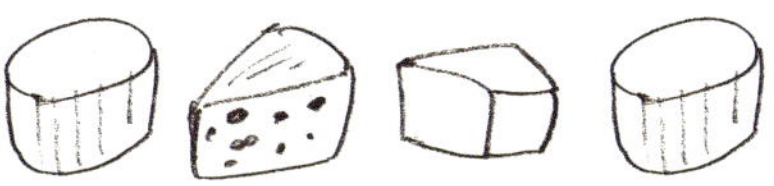

ハーブを散らしオリーブ油を注ぐ

オイルの力でしっとり濃厚に…
白カビ・青カビ ハードタイプなど 何でもOK

放置すること1週間
待ちきれずつまみ食い
完成

教えて！小田先生

Q

おいしそうに盛り付けるには、何かコツがあるんですか？

人に振る舞うときや写真を撮るときに、盛り付けがイマイチだとテンションが下がります。どうすればおしゃれでおいしそうに見えるのでしょうか？

A

「余白」と「空気」を意識すると、ガラリと見た目がかわります。

どんな料理でも、印象を大きく左右するのはこのふたつ。

すべてに共通する 大切なきほん

空気
立体的にゴージャスに

空気を含ませて高さを出す。薄い食材は、丸めたりずらして重ねたりすると陰影がついて表情がかわる。

余白
スッキリ

皿の4〜5割を余白にするとバランスよく美しく見える。

個別テクニック

炒め物・パスタ
トングが便利

ペタっとしがちなので、山型に盛るとボリュームと立体感が出る。

煮物
具を先に盛り
中央を山にするのがコツ

お箸を使ってすべての具が見えるように盛ると、華やかに見える。

第4章

放っておくだけなのに

料理が勝手においしく成長する

おしながき

◎大人のチョコレートケーキ

◎パンチェッタ

◎切り身魚の味噌漬け

◎レモンチェッロ

ジンジャーシロップ

プルーンの赤ワイン漬け

ナッツのはちみつ漬け

大人のチョコレートケーキ
子どものころ
ロアルド・ダール著
『チョコレート工場の
秘密』を読んで
ときめいた
パキッと割れる
板チョコの音
工場に漂う
チョコレートの香り
舌でとろける
甘い味が
読んでいる
だけなのに
伝わってくる…
甘いもの苦手なので
ふだん食べないけど
この本のこと思い出すと
食べたくなるんだよな～
今回は『チョコレート工場の
秘密』に思いをはせながら
オレンジ風味の
ちょっと大人な
チョコレートケーキを
作ります！

ラム酒はブランデーやウイスキーで代用できます！

パウンド型がなければ、100均で売っている紙型などでもOK

バターに砂糖を加え
混ぜる
まーぜ
チョコレートを2回に分けて加え
混ぜる
まーぜ
溶き卵も2回に分けて加え
混ぜる
この段階ですでにうまい!
ペロ
ちなみに個人的にこういうタイプのゴムベラが好きです
全体がシリコン
ここがつながってる
持ちやすく洗いやすい!
薄力粉を加え
ツヤが出るまで混ぜ合わせ型に流し込む
ふるいながら
切るように
トロー
オーブンで焼く
放置
♪
ワクワク
片付けしよ~

50分後
ほかぁ…
めっっっちゃいい香り
ふわわーん
ケーキクーラーの代用
型を逆さまにしてケーキを取り出す
焼き魚アミ
バット
オレンジジュース・砂糖・ウィスキーを溶いたものをふりかけてしみこませる
しみ
しみ
あとはラップで包んで1日以上冷やせば完成…なのだが
スー…
むしゃり
ふわふわ～ でもちょっと味がぼやっとしてる?
これがどう変化していくんだろ～

3日後
遊びにきた友達に
振る舞うことに
どうぞ…
おいし〜〜〜
オレンジの香りが効いてる〜
お店みたい!
しっとりしてて…
生チョコとケーキの間の食感!
濃ゆい〜!!
できたてよりどっしり
おいしくなってる!
大人味だから
甘いの苦手でも
イケる!!
手土産にもいいし
ダイスカットして
グラノーラに加えたら
いつもの朝食がぜいたくに…!
なんとお酒とも
相性よし
数日たって
濃厚さが増してるような…
ウイスキー
チョコレート工場の映画から
10年以上たつのか〜
大人になったな〜

ちなみに『チョコレート工場の秘密』は1971年にも映画化されています

リッチな香りと
濃厚なチョコに
とろける♥

放っておくだけ

コンビニ食材がプロの味に化ける
大人のチョコレートケーキ

時間：作業 40分 放置 1日〜

調理器具：小鍋、ボウル、ゴムベラ、パウンド型（紙型やアルミ型でもOK）、オーブンシート、泡立て器

保存期間：冷蔵10日、冷凍1か月

◎材料（12〜14切れ分）

板チョコレート（ブラック）…4枚（200g）

A

オレンジジュース（濃縮還元果汁100%）…1/2カップ

ラム酒…大さじ2

有塩バター…50g（室温に戻す）

砂糖…1/2カップ（60g）

卵…1個（室温に戻す）

薄力粉…80g

B 混ぜておく

オレンジジュース…大さじ4

砂糖…大さじ3

ラム酒…大さじ2

BLACK
Hennessy
MYERS'S RUM

ラム酒のかわりに同量のブランデーやウイスキーを使ってもよい

下ごしらえ

粗さは
これくらい

❶ オーブンを160℃（紙型・アルミ型の場合は150℃）に温める。型にはオーブンシートを敷きこんでおく。

➜ オーブンシートの敷きこみかたは77ページ参照

❷ 卵を溶きほぐし、チョコレートは溶けやすくするために粗くきざむ。

生地を作る

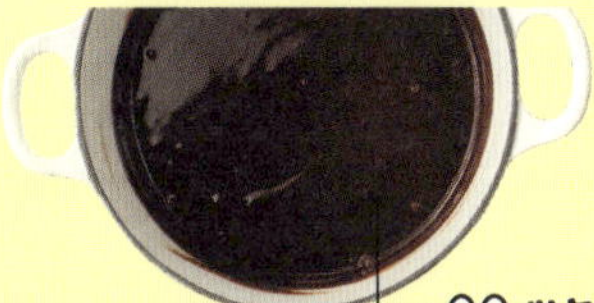
ツヤは
これくらい

バターに砂糖を入れたところ

材料をすべて混ぜるとこうなる

❸ 小鍋にAを入れて沸騰させ、火を止める。チョコレートを加え、2〜3回鍋を回して表面を平らにしたら、そのまま動かさずに1〜2分おく。全体をゴムベラで静かに混ぜ、ツヤが出てきたらひと肌くらいまでさます。

❹ ボウルに材料を順に加えて混ぜる。
バター：泡立て器で30秒混ぜる。
砂糖：全体が白っぽくなるまで、1〜2分すり混ぜる。
③のチョコレート：2回に分けて加え、白っぽくなるまで泡立てる。
溶き卵：2回に分けて加え、よく混ぜる。
薄力粉：ざるなどで、ふるいながら加える。ゴムベラで切るように、ツヤが出るまで混ぜ合わせる。

❺ ④の生地を型に流し入れ、型をトントンと落として空気をぬく。

放置

160℃のオーブンで**50分**焼く。 紙型・アルミ型の場合＝**150℃**で**75分**

仕上げる

雑誌などでも
代用できる！

❻ アミなどの上に型を逆さにしてケーキを取り出す（紙型・アルミ型の場合は型のまま）。熱いうちにBをスプーンでふりかけてしみこませる。粗熱がとれたら、ラップで包む。

放置

冷蔵庫で**1日以上**冷やし、味をなじませたらできあがり。

泡立てた生クリームを添えていただいてもおいしい。

完成

保存 | 切り分けて、ひと切れずつラップで包んで冷凍可能。

アレンジテク：クランベリーやぶどうなど、酸味のあるジュースを使ったり、ナッツを入れても。

パンチェッタ
熟成肉がはやり
根付きつつある
昨今
おいしいけど
高いんだよな〜
そうだ! 作ればいいんじゃん!
と思いつくも
温度と湿度を一定に保ち
つねに風を当てて…
無理だわ
しかし!
家庭でもできる
熟成肉は存在した
その名も
パンチェッタ
またの名を
生ベーコン!!
やった〜!
作る!

材料
（2本分）
豚バラかたまり肉
…400～500g×2本
粗塩…小さじ4
ハーブミックス…大さじ2
黒粒こしょう…大さじ1
脂肪分が多い肉のほうが失敗しにくいそうです！
肉は近所の激安スーパーへ
900gか
2等分にして使おう
ハーブミックスは自宅にあるハーブ類の残りを合わせて作ってみた
ゴリゴリ
ふつうにスーパーに売ってます
今回の材料費
豚バラかたまり肉
➡902円
粗塩➡198円
合計 1100円
粗塩はお肉やトマト枝豆にかけたり塩レモンにも使える！
デーン
かたまり肉を買うとわくわくする
このかたまりが美しく成長するのか…

冷蔵庫はチルド室がおすすめ

交換③の日から食べられるので、味見をしながらお好みの熟成具合を探してみて

スパゲティは1.6～1.8㎜のものがおすすめ

できた～！
中毒になりそう……
超濃厚!!
焼いても煮てもパンチェッタは楽しめる
スープに
ゆでると
しっとり!!
野菜と
むし焼きに
香りと旨味がうつっておいしかったです
だけどいちばん食べた食べかたは…
ジュー…
結局シンプルに焼き！
酔っ払ってても楽勝～

焼いて食べるだけで
おいしいって
すごい！

放っておくだけ

育つほどに味わいが増す パンチェッタ

時間：作業 5分 放置 10日〜
調理器具：ペーパータオル、ジップ式の袋
保存期間：冷蔵20日、冷凍1か月

◎材料（2本分）

豚バラかたまり肉
…400〜500g×2本

※肩ロースでもよい

粗塩…小さじ4（約20g）
ハーブミックス…大さじ2
黒粒こしょう
…大さじ1（つぶす）

ハーブミックスがない場合

- タイム
- オレガノ
- ローズマリー
- セージ
- マジョラム

これらから2〜3種類選んで均等に入れる。フレッシュでもドライでもよい。

ドライタイプ→
イタリアンハーブ
などの名で売られ
ていることも

ITALIAN HERB MIX

まろみのある味
あらしお

粗塩はゆっくり
なじむので、熟成に向く

下ごしらえ

❶ 豚肉に塩をすりこみ、塩が少し溶けてきたら、ハーブミックスとこしょうを加え、さらによくすりこむ。

❷ 1本ずつペーパータオルで巻き、ラップで包んでからジップ式の袋に入れる。

放置

冷蔵庫で**3日**おき、豚肉の水分をぬいていく。

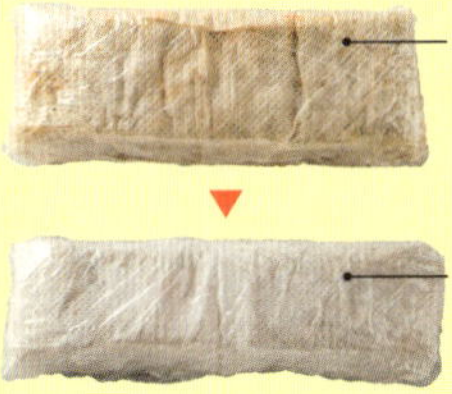

4日目：水分が出たのがわかる
交換したてはまっ白

4日目にペーパータオルを取りかえ、ラップに包んで冷蔵庫に戻す。その後も同様に2日おきにペーパータオルを交換する。10日目から食べられる。

＼ こういうこと！ ／

ここから食べられる ↓

日数	1	2	3	4	5	6	7	8	9	10	11	12	13
作業	下ごしらえ	→	→	交換①	→	→	交換②	→	→	交換③	→	→	交換④

完成

ぎゅっとちぢんで、いいにおい！

❸ 日数がたつごとに熟成していくので、お好みの仕上がりで食べる。5mm幅に切り、表裏を2〜3分ずつ焼いていただく。

保存

ペーパータオルとラップで包んで冷蔵保存。水分が出なくなったらラップだけにしてOK。20日目以降は冷凍保存がおすすめ。

おすすめアレンジ

中毒性の高い やみつき カルボナーラ

◎ **材料**（2人分）

スパゲティ… 200g
パンチェッタ… 100g
にんにく… 1かけ（つぶす）
オリーブ油 … 小さじ2
卵 … 2個
粉チーズ … 大さじ5〜6

◎ **作り方**

❶ パンチェッタを3mm厚さの薄切りにし、幅を半分に切る。

❷ 卵と粉チーズを大きめのボウルに混ぜ合わせる。

❸ 鍋に湯2ℓを沸かし、塩大さじ1強（分量外）を入れてスパゲティを表示より2分短い時間でゆでる。

❹ フライパンにパンチェッタ・オリーブ油・にんにくを入れて中火にかけ、脂が出てパンチェッタが色づいたら、スパゲティを加えて30秒手早く炒める。

❺ すぐに❷のボウルに移し、全体にからめる。

切り身魚の味噌漬け
朝食を成功させたい
シリアルやコンビニごはんも忙しい日は仕方ないけど…
ポロポログラノーラ
朝ごはんが作業っぽくなるとなんだか寂しい
成功した！と思える朝食 それはホカホカのごはんをおいしく食べられる朝食だ
おいしいお魚と味噌汁があるだけで完璧！
というわけで今回はおいしいおいしいお魚の味噌漬けを作ります

味噌テク：味噌の½～⅓を西京味噌にするとより本格的な味に

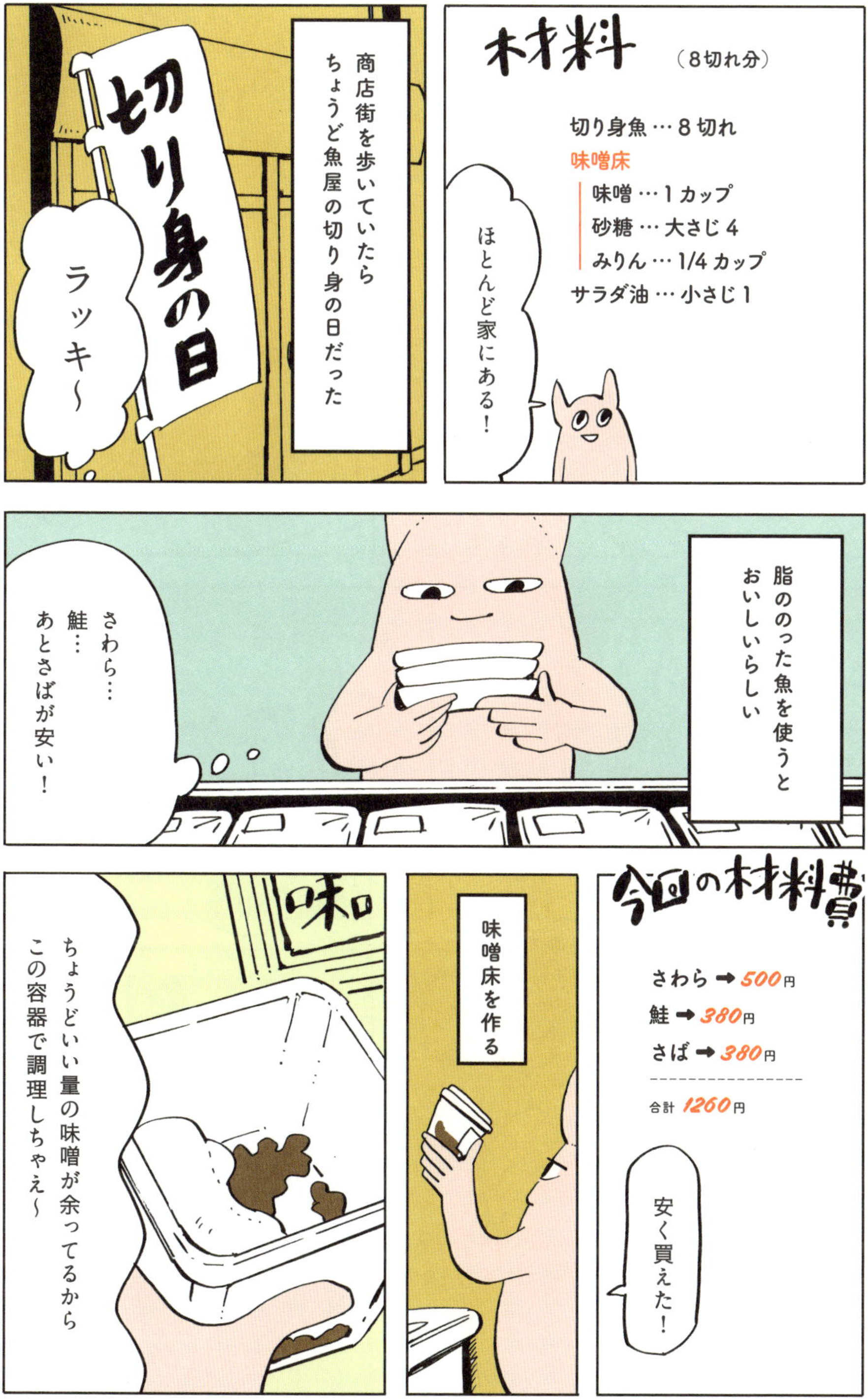
商店街を歩いていたら
ちょうど魚屋の切り身の日だった
切り身の日
ラッキ～
材料
（8切れ分）
切り身魚…8切れ
味噌床
味噌…1カップ
砂糖…大さじ4
みりん…1/4カップ
サラダ油…小さじ1
ほとんど家にある！
脂ののった魚を使うと
おいしいらしい
さわら…
鮭…
あとさばが安い！
今回の材料費
さわら→500円
鮭→380円
さば→380円
合計 1260円
安く買えた！
味噌床を作る
ちょうどいい量の味噌が余ってるから
この容器で調理しちゃえ～
味

味噌をよく練る
ねりねり
調味料を加えさらに練る
味噌床を半量広げ魚をのせる
バット↗
ぬり
ラップ↙
ぬり
残りを塗り広げラップをかけて押さえる
そのまま6時間以上おいて完成！
楽すぎる!!!
放置
食べきれない分は冷凍できるから作りおきにもなる！
○月○日
翌朝
焼き魚を作る
洗って味噌を落とし水けを拭く
①油を入れ中火で熱し魚を入れる
ペッ
②弱火で10分焼きひっくり返す
朝の旅館の香り〜
③ふたをして5分……

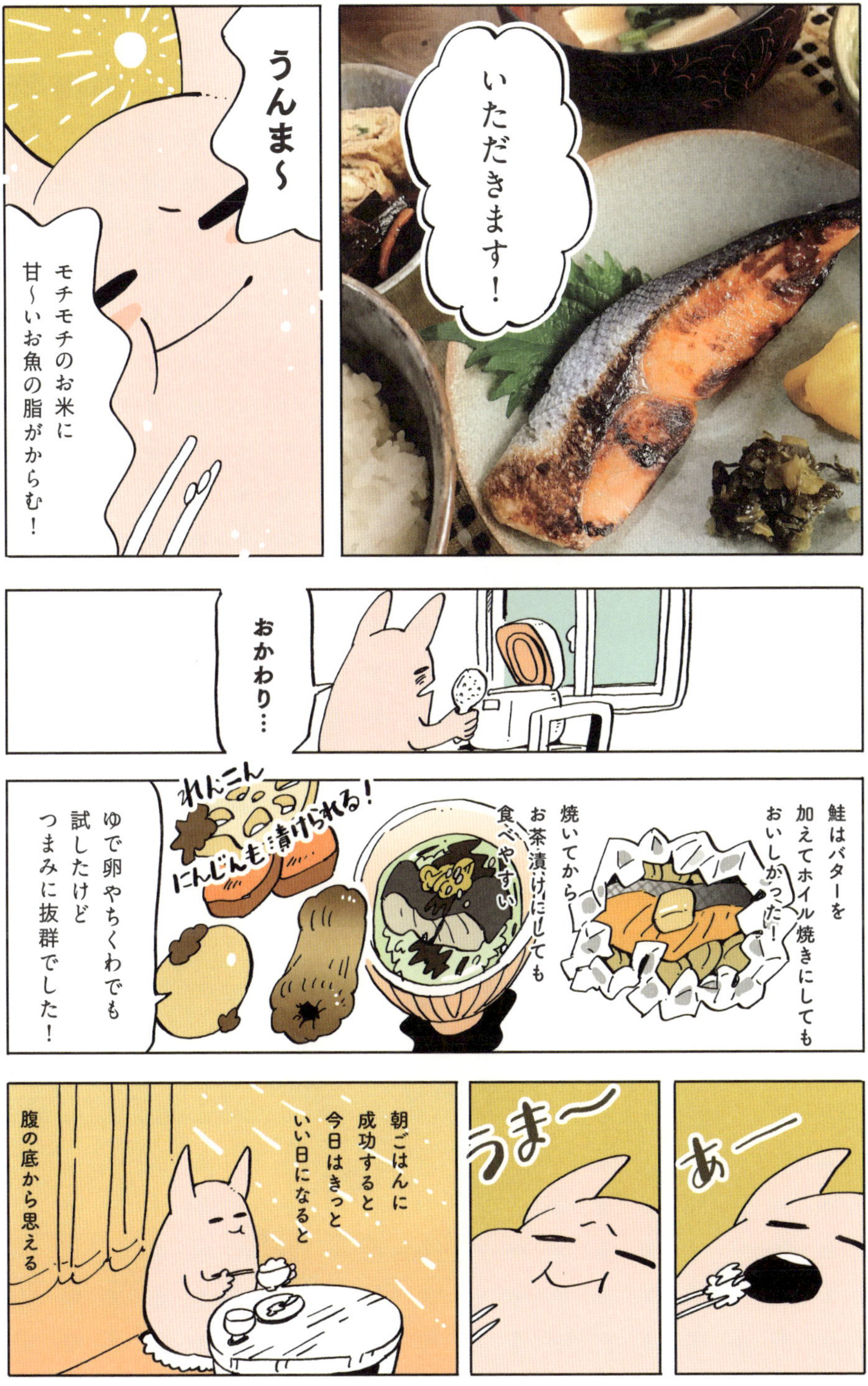
いただきます!
うんま~
モチモチのお米に
甘~いお魚の脂がからむ!
おかわり…
鮭はバターを
加えてホイル焼きにしても
おいしかった!
焼いてから
お茶漬けにしても
食べやすい
れんこん
にんじんも漬けられる!
ゆで卵やちくわでも
試したけど
つまみに抜群でした!
あー
うま~
朝ごはんに
成功すると
今日はきっと
いい日になると
腹の底から思える

たった10分で
準備完了。
脂のうまみが
たまらない！

放っておくだけ

味噌が食材をおいしく育ててくれる 切り身魚の味噌漬け

時　　間：作業 20分 放置 6時間～
調理器具：フライパン
保存期間：冷蔵7日、冷凍1か月

◎材料（8切れ分）
切り身魚…8切れ
【味噌床】
味噌…1カップ（230g）
砂糖…大さじ4
みりん…1/4カップ
サラダ油…小さじ1

かじき

さわら

鮭

魚は脂がのっているものがおすすめ

下ごしらえ

スプーンの
背などを使うと
塗りやすい

❶ 味噌床を作る。味噌をよく練ってから、砂糖とみりんを加えてよく混ぜる。

❷ バットなどにラップを敷き、味噌床を1/2量広げて魚をのせ、上から残りを塗り広げ、ラップをかけてぴったり押さえる。

放置

冷蔵庫で**6時間以上**おいたら食べごろ。

仕上げる

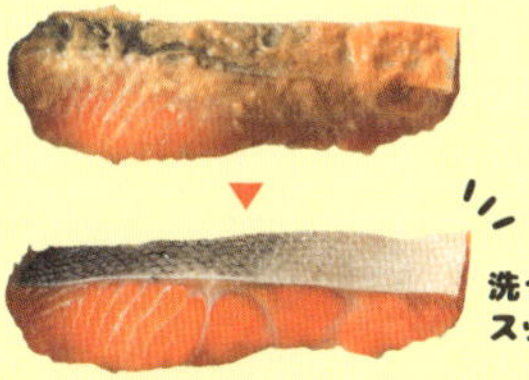

洗って
スッキリ

❸ 魚を取り出して、さっと洗って味噌を落とし、水けを拭き取る。

皮がカリッとしたら
食べどき

❹ フライパンに油を中火で熱し、魚を入れる。弱火で10分焼いたら、表裏を返し、ふたをしてさらに5分焼く。

ピタッ

保存 冷蔵で7日保存できるが、時間とともに味が濃くなっていくので、お好みの漬かりぐあいで冷凍保存するとよい。ひと切れずつ、味噌ごとラップで包む。

おすすめアレンジ

味噌床活用術

➩ ほかの食材を漬ける

相性のいい食材

- 手羽先、手羽元、トンカツ用のロースや肩ロース
- ごぼう、長いも、ねぎ

➩ 余った味噌を調味料にする

味噌床は再利用できないが、炒め物や汁物など、加熱する料理の調味料にできる。

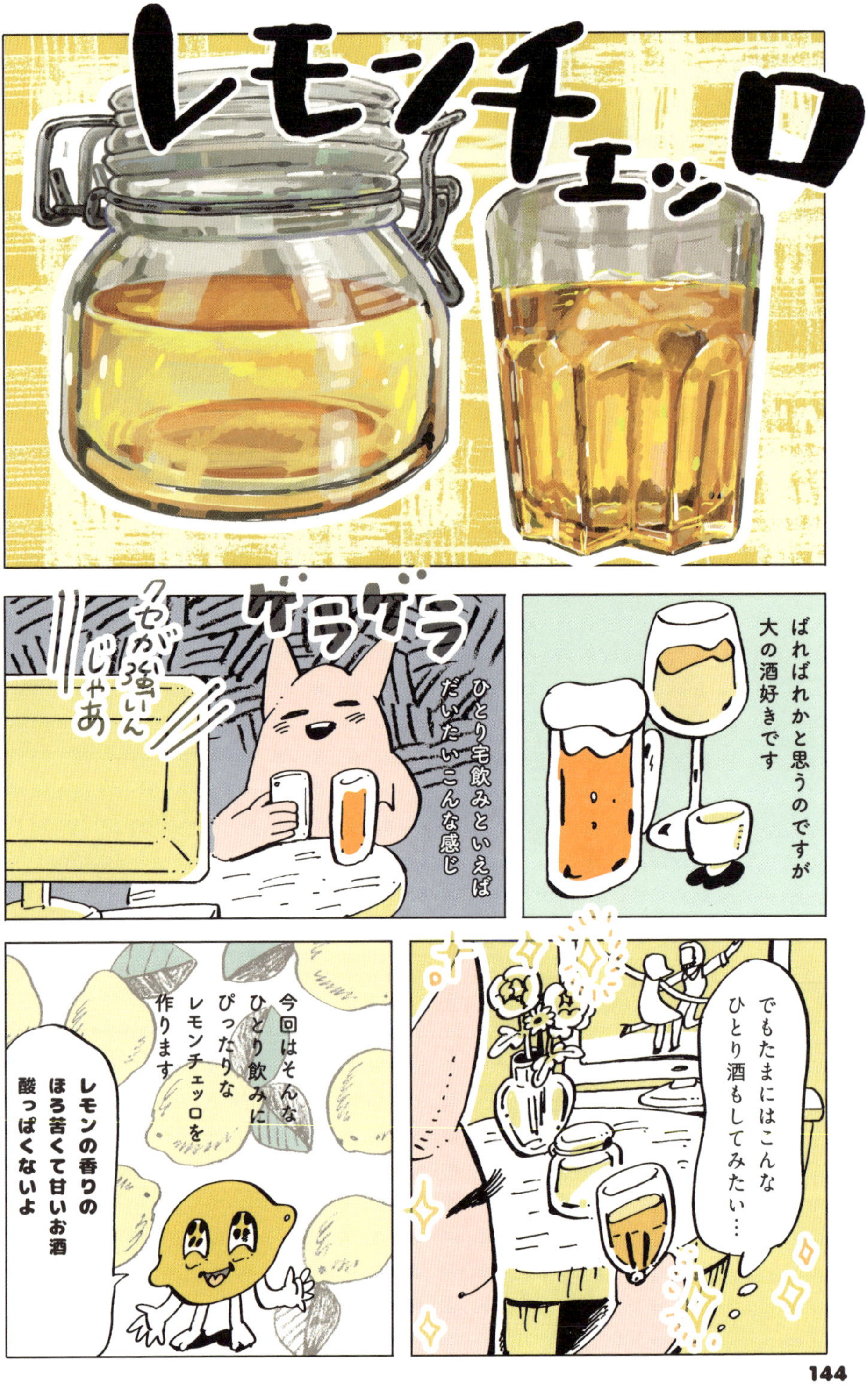
レモンチェッロ
ばればれかと思うのですが
大の酒好きです
ひとり宅飲みといえば
だいたいこんな感じ
ゲラゲラ
ワセが強いんじゃあ
でもたまにはこんな
ひとり酒もしてみたい…
今回はそんな
ひとり飲みに
ぴったりな
レモンチェッロを
作ります
レモンの香りの
ほろ苦くて甘いお酒
酸っぱくないよ

材料
（約600mℓ分）
レモン…5個
ウォッカ…1・1/2 カップ
水…1・1/2 カップ
グラニュー糖…1・1/2 カップ
ウォッカは最低35％のものを！
度数が高い方が長持ちするし
レモンの香りが出やすいそう
レモンは地産のスーパーに
行くとときどき
安く売っていたりする
¥300
ウォッカは35％でも
いいらしいけど
せっかくなので45％の
ものを探したい…
スーパー
スーパ
酒
しかし——
売ってない！
35％はどこにでもあった！
amOzon
こういうときは
翌日には届くし…
送料かからないし
今回の材料費
ウォッカ ➡ 1135円
レモン ➡ 300円
合計 1435円
amOzon
お酒用BOX

まずは下ごしらえ
塩をふり
皮のよごれを塩が研磨して落としてくれます
もみ洗い
レモンの皮をむく
上下を落とし
縦に皮をむく
きれいにむけると気持ちいい…
むいた皮とウォッカを瓶につめ常温で1週間おく
アルコールの力でレモンの香りと旨味を出す
おいてるだけで生活を大事にしているおしゃれ女子の部屋っぽくなる
残ったレモンどうする？ 問題ですがレモンのはちみつ漬けがおすすめ
マネージャーがよく作ってくる例のあれです
でも今回わたしは冷凍レモンに！
くし切りにし
冷凍
これをどうするかはお楽しみに…

1週間後… 仕上げにかかる
ちょっと黄色くなった…?
小鍋に水とグラニュー糖を入れて中火にかける
グラニュー糖が溶けたら火を止めて粗熱をとる
パァァァァァ
瓶の中身をざるでこして皮を取り除く
すっごいレモンの香り…!
華やか!
こした液と鍋の液をよく混ぜ瓶に戻し密閉する
きれいな黄色…! ほったらかしただけなのにこんな美しく!
あとは3日おけば完成!
その間に…
ガサ
放置

作った冷凍レモンと余ったウォッカを使って…
ウォッカ×炭酸×冷凍レモン
さわやか〜
レモンサワー
ウォッカ×ジンジャーエール×冷凍レモン
キリッと
モスコミュール
ウォッカ×オレンジジュース×冷凍レモン
柑橘祭り
スクリュードライバー
市販の缶サワーに
冷凍レモンを加えても
カクテルにしただけでいつもの宅飲みがワンランクアップ!
いつもガブガブ飲んでしまうお酒もちょっとだけ大切に飲める…
3日後
ついにレモンチェッロ解禁!
とりあえずストレートで
くい

レモンってなんて
すてきな香りが
するんだろう…
癒される…
ほのかな苦みが
クセになる
いろんな
飲みかたを試す
お湯割で…
さむい日にぴったり
ジンジャーエールで…
さわやかさUP!
炭酸で…
香りが感じられる
豆乳で…
飲みやすすぎてヤバイ
お酒を手作りしただけで
いつもの晩酌がよりときめくものに
雑貨を並べておしゃれバー気分……
?
ただしアルコール度数
高めなのでご注意を!
zzz…

放っておくだけ

レモンの香りをぎゅっと閉じ込めた
レモンチェッロ

時　間：作業 20分　放置 10日～
調理器具：小鍋、密閉できる瓶
保存期間：3か月

◎**材料**（約600㎖分）

レモン（できれば無農薬のもの）…5個
ウォッカ（アルコール度数35％以上）…1・1/2カップ
水…1・1/2カップ
グラニュー糖…1・1/2カップ（270g）

アルコール度数45%以上だとなおよい

知っていると便利な比率

1 ： 1 ： 1
ウォッカ　水　グラニュー糖

この比率を守れば、お好みの量で作っても失敗しません。甘さひかえめが好きなら、グラニュー糖の比率を低めにしてみても。

下ごしらえ

まな板において
上から包丁で
そぐようにすると
むきやすい

❶ レモンに塩大さじ2（分量外）をふってもみ、さっと水洗いして水けを拭き取る。

❷ レモンの上下を落とし、縦に皮をむく。

❸ 密閉できる瓶に、レモンの皮とウォッカを入れる。

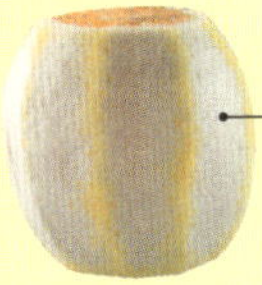
実が見えない
程度にワタを残す

放置

常温で**1週間**おき、レモンの香りを引き出す。

仕上げる

❹ 小鍋に水とグラニュー糖を入れて中火にかける。グラニュー糖が溶けたら火を止め、粗熱がとれるまでおく。

❺ ③をざるなどでこして皮を取り除き、④を加えてよく混ぜたら、再び瓶に戻す。

放置 完成

常温で**3日以上**おいたらできあがり。

カラン

そのまま飲んでも、炭酸などで割ってもおいしい。
時間をおくほどに熟成し、味わいが変化していくのを楽しめる。

保存｜直射日光の当たらない場所なら、常温で保存可能。

おすすめアレンジ 果実をかえて味のイメチェン

レモンは1年中手に入りやすいため作りやすいが、季節の柑橘《かんきつ》類を使って作るのもいい。それぞれの皮の香りが引き出され、違った味わいになる。

- ゆず
- 青ゆず
- かぼす
- すだち
- オレンジ

放置テク④

糖分でおいしくする

糖分は粒子が大きいため
食材となじんで旨味を
引き出すまでに
時間がかかる。
でも、糖分は大量に
使用しないと
制菌効果が低い……。
なので、保存性を高める
食材や調理工程とコラボさせて
時間をかせいであげよう！

アルコールとコラボ

アルコールで保存性を高め、糖分で旨味を加えると、保存できるうえにおいしいものが完成する。

煮る

水に糖分を加えて火にかけると、沸騰したとき100℃以上になる。これで滅菌できて、保存性が高まる。

はちみつを使う

はちみつは殺菌・抗菌効果がある。糖分が濃く、菌に強い酵素をもつはちみつは腐らない。

体にうれしい

ジンジャーシロップ

ハイボールに入れても！
ホットでもあったまる

保存期間：冷蔵1か月

お店で出てくる辛口のジンジャーエールじつは自分で作れるらしい
しかもかんたん！

鍋にしょうがと砂糖を入れよく混ぜて20分放置

材料

しょうが … 15かけ（150g）

砂糖 … 2・1/2カップ（300g）

水 … 2カップ

レモン汁 … 1個分

水を加えて中火にかけよく混ぜながら煮立て弱火で10分煮て火を止める
アクは取ってね

しょうがの薄皮をスプーンでこそげ…
ゴリゴリ
50gは薄切り
100gはすりおろす

レモン汁を加えて粗熱をとったら保存容器へ
完成
シュワ〜
炭酸や氷で割って飲もう！

乾いた果実にふたたび命ふきこむ

プルーンの赤ワイン漬け

パンやヨーグルトにジャム感覚でのせたり
お肉にも合う！

保存期間：冷蔵1か月

1年中買えてお手頃なドライプルーン
これを高級スイーツに進化させます！
貧血予防
便秘解消
材料
プルーン … 30粒（300g）
赤ワイン … 3〜4カップ
砂糖 … 大さじ5〜6（50g）
安いテーブルワインでOK！
鍋に赤ワインと砂糖を入れて中火にかける
煮立ったらプルーンを加え弱火で5分煮て
火を止める
そのまま鍋でさまし保存容器にうつす
表面が出たら赤ワインを注ぐ
完成
保存する間にプルーンがだんだん膨らみこんもりする…！
こんもり
ジュ〜シ〜！

これぞ大人のスイーツ

ナッツのはちみつ漬け

そのままでもアイスにかけても
チーズと一緒に甘じょっぱく

保存期間：冷蔵1か月

お菓子作りや料理で余ったナッツ活用術
これをおしゃれにチェンジ！
HONEY
材料
ミックスナッツ … 1カップ
レーズン … 1/4カップ
はちみつ … 1/2 ～ 2/3カップ
ナッツの塩分をキッチンペーパーで取り除く
ふきふき
レーズン、ナッツの順に保存瓶に入れる
ザララ～
ゴロゴロ
全体にかぶるくらいはちみつを注ぐ
ツー
・・・・
しっかり口を閉じ常温で保存する
1週間目くらいから食べごろ！
「完成」

はちみつがジャリジャリしたときは湯せんで温める

教えて! 小田先生

Q 半端に余った食材を無駄にしない方法が知りたいです。

レシピどおりに料理を作ると、中途半端に食材が余りますよね? ダメにしちゃうと落ち込むので、かんたんなレシピで使い切りたいです。

A とっておきの救世主レシピをお教えしましょう。

救いのキムチ

材料

キャベツなどの野菜…200 ~ 250g

キムチ液

- にんにく…1 かけ（すりおろす）
- しょうが…1 かけ（すりおろす）
- 酢…大さじ 2
- 水…大さじ 2
- はちみつ…大さじ 1
- しょうゆ…大さじ 1
- 塩…小さじ 1/2
- ラー油…10 滴

❶ キャベツは大きめにちぎる。

❷ ジップ式の袋に①を入れ、キムチ液を順にふり混ぜ、空気をぬいて口を閉じる。

❸ 30 分以上おいてしんなりさせる。

完成

救いの浅漬け

材料

白菜などの野菜…300g

浅漬け液

- 塩…小さじ 1
- 砂糖…小さじ 1
- 酢…小さじ 1
- 昆布（5cm 角）…1 枚

❶ 白菜は、葉を大きめにちぎり、芯をひと口大に切る。

❷ ジップ式の袋に①を入れ、浅漬け液を順にふり混ぜ、空気を抜いて口を閉じる。

❸ 30 分以上おいてしんなりさせる。

完成

★ だいたいどんな野菜で作ってもおいしい。

★ 薄切りにしたり、細切りにしたりすると、よく漬かる。

救いの味噌そぼろ

材料

肉…250 ～ 300g

味噌ダレ

- 味噌…大さじ 2 ～ 3
- しょうゆ…大さじ 2
- 砂糖…大さじ 2
- しょうが…1かけ（すりおろす）

❶ 肉を粗くきざむ。1/2量の肉をボウルに入れ、熱湯をかけたら、ざるに上げて汁けを切る。（※臭みをとるため。手間ならば省いてもよい）

❷ ①と残りの肉・味噌ダレを合わせて鍋に入れ、箸3～4本で混ぜながら火を通す。

❸ 1分したら火からはずして30～40秒混ぜる。これを3回くり返し、肉がパラッとしたら、バットなどにあけて粗熱をとる。

★肉は何でもいい。
★とにかく何でも粗みじんにする。
★脂肪少なめの肉なら、サラダ油かごま油を小さじ1～2を足す。

救いのピクルス

材料

きゅうり…2本（200g）

にんじん…1本（150g）

ピクルス液

- 水…2/3 カップ
- 穀物酢…1/2 カップ
- 砂糖…大さじ3
- 塩…小さじ1
- ロリエ…1枚

❶ 野菜を大きめに切る。

❷ ピクルス液を鍋に入れて混ぜ、中火にかけて1分煮立てる。

❸ にんじんを入れて、2分後にきゅうりを加えてひと混ぜし、火を止める。

❹ 粗熱をとり、保存容器に野菜をつめ、上からピクルス液を注ぐ。冷蔵庫で1日以上冷やして、味をなじませる。

★野菜は300～350gを目安に、大きめに切る。
★パプリカ・セロリ・大根・かぼちゃ・ズッキーニなどでも作れる。

おわりに

「時短・少ない材料・手間なくかんたん」
10数年間、ずっとこの3要素を満たしたレシピを求められてきました。
だから、この本のレシピを頼まれたときは「新鮮!!」とうれしくなりました。
「時短」をあえて「長時間」にかえるなんて、面白い挑戦です。

もともと、わたしは「時間が作りだすおいしさ」に魅力を感じていました。
長年手掛けている「作りおきレシピ」などがまさにそう。
でも、時間をかけて料理を作ってもらうには、できあがりを待つ「モチベーション」が必要です。

そこで本書が目指したのは、みなさんが「料理にわくわくする瞬間」を体感できるレシピ。

お店みたいな料理が作れたり、インスタ映え間違いなしの見た目だったり、ふだん触ることのない未知なる肉塊が登場したり……。そして、友人や家族に自慢したくなる味になるように、レシピを磨いていったのです。

気軽に作ってもらえるように、手間を省く工夫もたくさん散りばめました。

試行錯誤してできあがったレシピを、谷口さんが実践し、漫画にしてくれたのも新鮮でした。「おいしい！　楽しい！　新しい！」と連呼する姿に、思わず「ふふふ……」。料理研究家として至上の喜びに浸りました。

料理は、いくつもの喜びを伝えるツールです。

作る喜び、食べる喜び、伝える喜び、褒めてもらう喜び。

そして本書のレシピにはもうひとつ、待つ喜びがプラスされています。

わたしは、忙しい今の時代だからこそ、この喜びが「料理をおいしくする重要なスパイス」になるのではないかな、と思っています。

小田真規子

[著者]
小田真規子（おだ・まきこ）
料理研究家・栄養士・フードディレクター
有限会社スタジオナッツ主宰。「誰もが作りやすく、健康に配慮した、かんたんでおいしい料理」をテーマに、100冊以上の著書やレシピ開発、フードスタイリングなどを手がける。徹底的に試作を重ねた、わかりやすいレシピにはファンが多く、料理の基本とつくりおきおかずの本は、シリーズ化されベストセラーに。「オレンジページ」「ESSE」などの料理関連雑誌への掲載のほか、NHK「きょうの料理」をはじめテレビの料理番組への出演も多い。著書に『料理のきほん練習帳(1・2)』(高橋書店)、『つくりおきおかずで朝つめるだけ！ 弁当(1〜4、ベスト版)』(扶桑社)、『一日がしあわせになる朝ごはん』『ズボラーさんのたのしい朝ごはん』(ともに文響社)、『まいにち小鍋』『なんでも小鍋』(ともにダイヤモンド社)など。

[著者]
谷口菜津子（たにぐち・なつこ）
漫画家・イラストレーター
1988年生まれ。多摩美術大学在学中から漫画の執筆をはじめる。web、情報誌、コミック誌等のほか、でんぱ組.inc『WWDD』のアートワークや、NHK Eテレ『シャキーン！』のコーナー内作画を担当するなど、さまざまな分野で活躍。酒とレバ刺しをこよなく愛し、2013年に『さよなら、レバ刺し〜禁止までの438日間〜』(竹書房)の刊行にいたる。大学時代の先輩とのルームシェアを機に「料理の楽しみ」に目覚め、料理熱が高じて『谷口菜津子のごはん自由帳』を自費出版で制作。独自の世界観で描き出す楽しい料理の数々が話題となる。その他の著書に『人生山あり谷口』(リイド社)、『わたしは全然不幸じゃありませんからね！』『彼女は宇宙一』(ともにKADOKAWA)など。
Twitter:@nco0707

放っておくだけで、泣くほどおいしい料理ができる

2018年5月16日　第1刷発行

著　者———谷口菜津子、小田真規子
発行所 ———ダイヤモンド社
〒150-8409　東京都渋谷区神宮前6-12-17
http://www.diamond.co.jp/
電話／03·5778·7232（編集）　03·5778·7240（販売）
デザイン———髙橋朱里、菅谷真理子（マルサンカク）
撮影———志津野裕計、石橋瑠美、三浦庸古（クラッカースタジオ）
スタイリング—本郷由紀子
調理スタッフ—岡本恵、小林優子（スタジオナッツ）
DTP ———エムアンドケイ
校正———鷗来堂
製作進行———ダイヤモンド・グラフィック社
印刷———加藤文明社
製本———ブックアート
編集担当———金井弓子（kanai@diamond.co.jp）

ISBN 978-4-478-10414-9